德国文化漫游

DEUTSCHLAND

鲁成文——著

遇见·德国

科学技术文献出版社
SCIENTIFIC AND TECHNICAL DOCUMENTATION PRESS
·北京·

图书在版编目（CIP）数据

德国文化漫游 / 鲁成文著 . —北京：科学技术文献出版社，2019.9
ISBN 978-7-5189-5917-4

Ⅰ . ①德… Ⅱ . ①鲁… Ⅲ . ①文化史—德国 Ⅳ . ① K516.03

中国版本图书馆 CIP 数据核字（2019）第 174681 号

德国文化漫游

策划编辑：王黛君　李佳铌　责任编辑：吕海茹　王　娇　责任校对：张吲哚　责任出版：张志平

出　版　者　科学技术文献出版社
地　　　址　北京市复兴路 15 号　邮编 100038
编　务　部　（010）58882938，58882087（传真）
发　行　部　（010）58882868，58882870（传真）
邮　购　部　（010）58882873
官方网址　www.stdp.com.cn
发　行　者　科学技术文献出版社发行　全国各地新华书店经销
印　刷　者　天津中印联印务有限公司
版　　　次　2019 年 9 月第 1 版　2019 年 9 月第 1 次印刷
开　　　本　710 × 1000　1/16
字　　　数　258 千
印　　　张　18
书　　　号　ISBN 978-7-5189-5917-4
定　　　价　59.00 元

序言

仔细一算，在最近这14年间，我已经十多次前往德国游历，还都是以自由行的方式，足迹涉及100个城镇。更有甚者，有5次仅仅就我一个人独行，真是自由到底了。

在德国，我游历过这些城镇——慕尼黑、纽伦堡、雷恩斯堡、帕绍、奥格斯堡、讷德林根、多瑙河上的诺伊堡、罗腾堡、维尔茨堡、穆瑙、米腾瓦尔德、加米施—帕腾基兴（楚格峰）、菲森（天鹅堡）、贝希特斯加登（鹰巢、国王湖、瓦茨曼峰）、菲尔德、班贝格、拜罗伊特、莱切河上的兰茨胡特、普林（旺德湖）、爱尔兰根、乌尔姆、斯图加特、蒂宾根、海德堡、弗莱堡、巴登巴登、卡尔斯鲁厄、黑兴根（霍恩索伦城堡）、康斯坦茨（博登湖）、腓特烈港、波恩、科布伦茨（莱茵河、摩泽尔河）、宾根、沃尔姆斯、特里尔、亚琛、吕德斯海姆、法兰克福、马堡、美因茨、科隆、埃森、杜塞尔多夫、奥斯纳布吕克、明斯特、汉诺威、比克堡、布伦瑞克、汉堡、库克斯（北海）、吕贝克、吕根岛（波罗的海）、韦尼格罗德（布罗肯峰）、柏林、哈雷、波茨坦、莱比锡、德累斯顿、魏玛、爱尔福特、爱申纳赫、哥廷根、奎德林堡、维滕贝格、迈森、瑙姆堡、耶拿、不莱梅、沃尔普斯维德。

在很多旁人看来，我采用的几乎是一种苦行僧的方式。因为当太阳出来，我出去；当太阳回去，我回来。我像神行军一样奔驰在德国的大地之上。我每天都走得亢奋，也是为了珍惜时光，几乎都不停下来吃所谓的午餐。

而从本质上讲，我的这种游历是心游。

心游不必张口，心就是最能说的嘴巴。

心游不必张耳，心就是最能听的耳朵。

心游就是在博览群书的基础上，用真情去直觉，去体验，去彻悟。至至的心游以最后形成自己的独见为标准。

我以前已经出版了十多本有关德国文化的著作。

一位新东方的精英教师在他的网页上发表了标题为“谁的书我一见必买”的文字，在“妹尾河童”和“海德格尔”之后，他就提到“鲁成文”，因为“这个人同样有着尼采般的神经，海德格尔般的专注，以及对古典音乐和德意志执着的喜爱，至今出的三套书我都有，极其漂亮，内容丰富”。

如果说我以前那些书都是根据意义逻辑来写，天马行空，浩荡而来，浩荡而去，一向飘逸，还有些深邃，这一次却仅仅根据地理关系的逻辑来写，基本在地面上行进，还不免要匍匐一番，顿时精简，还有些浅易。

如果说以前全是“有我之境”的写法，这次却是“无我之境”的写法。

然而，所有“有我”“无我”之别，绝对是相对的。凡是写文的，尤其是写诗一般文字的，哪会没有“我”呢？

我在16天时间内写完这本书，写了雷根斯堡、拜罗伊特、纽伦堡、哈雷、奎德林堡、韦尼格罗德、魏玛、瑙姆堡和柏林9个城镇，以它们的自然名胜和历史文化景点为叙事节点，既交代了游历那些景点的部分旅游攻略，更以浓厚的笔墨挖掘并呈现了与它们有关的背景材料与历史文化知识和思想。

无论怎么写，我都基于真情而写。

《淮南子》有这样一段：“情系于中，行形于外。凡行戴情，虽过无怨；不戴其情，其忠来恶。”意思是：感情联系着内心，行动表现在外。大凡充满了感情的行为，即使有过失也不生成怨恨；不充满感情的行为，即使是来自忠心，也会招来恶意。

如果你在游历德国之前，就能带着对那个伟大民族的敬仰，预先知道更多与那些游历之处有关的历史、地理、哲学、文学、艺术、科学、神学、民俗等方面的知识和思想，你的游历才无愧是德意志式的，也就是深刻而独绝。

当然了，也可能存在一些人，摆不脱浅显和凡常，并真的以浅显和凡常为乐。谁又能说这不是一种很好的存在方式呢？

目 录

Part 4 纽伦堡

Part 5 哈雷

Part 6 奎德林堡

Part 7 韦尼格罗德

Part 8 魏玛

Part 9 瑙姆堡

Part 10 柏林

Part 1

火车：游历德国的首选方式

.1.

德国的幅员

凝视当代世界地图那片标注着“德国”的区域，东西向最大的距离为640多公里，南北向最大的距离为876公里，面积为35.73万平方公里。

如果将德国的这个面积拿来和中国比的话，它大约是中国广东省（17.97万平方公里）和江西省（16.69万平方公里）的总和，而云南的面积是39.4万平方公里，四川的面积是48.6万平方公里，由此可知，德国的面积不可谓太大。

带着现代政治的概念去扫视，在19世纪70年代初成立的德意志帝国具备一个统一的主权国家的诸多要素，那时它的国土面积约为54万平方公里。如果将奥地利在1939年曾合并进德国这一因素考虑进去，一个统一德国的面积曾超过60万平方公里。

经过20世纪上半叶的两次世界大战，德国的国土面积猝然减少。

在当今德国的国土上，浑穆的北海与波罗的海在北部边界处荡动着冰冷的浪花；德国的“命运之河”靠近西部边界滚滚奔流，一个最复杂的民族的灵性与品格随着莱茵河的水波闪闪发光；一再发生过剧烈变动的东部边界，如今停留在奥得河与尼斯河一线，轸念着德国的荣枯悲欢；而阿尔卑斯山这一世界胜景，沿着南部边界尽出风采。

.2.

德国铁路史摘菁

在幅员如此大小的德国游历，尤其是自由行，乘坐火车是首选的交通方式。

因为德国的火车网络密布。最快的时速在 250 公里，从南端到北端用时不过 6 小时而已，从东端到西端用时不过 5 小时而已。在大多数城市，火车站就位于历史街区，比如科隆火车总站就与著名的科隆大教堂毗邻而居。

德国铁路的首次通车是在 1835 年 12 月 7 日，由泰恩河上的纽卡斯尔制造的蒸汽火车阿德勒号从纽伦堡开往富尔特，全程仅仅 6.1 公里。“阿德勒”在德文中的意思是“天鹰”。

今天，在纽伦堡火车总站往西不到 1 公里的地点，坐落着德国铁道交通博物馆，也算是对这一历史事实的致敬。它是 1899 年作为巴伐利亚皇家火车博物馆而开幕的。

这个博物馆的门票是 5 欧元[①]。其主展区记录了将近两个世纪的德国铁路史。博物馆特别展出了 40 辆具有历史意义的火车，其中有：德国名相俾斯麦的专列；巴伐利亚国王路德维希二世带有洛可可风格的车厢，它曾被誉为“铁道上的凡尔赛宫”；阿德勒号也被复制，并被特别与先进的 ICE3 高速火车头并置在一起。

博物馆内还有很多需要动手操作的互动式火车主题展示项目，其中有

---

① 欧元：1 欧元约为 8 人民币。

一座铁路模型堪称德国最大的铁路模型之一，由穿着制服的管理员每小时开动一次。

著名的经济学家弗里德里希·李斯特在铁路建设方面也居功甚伟。

李斯特出生于1789年，自小学习勤奋，17岁就通过考试而在符腾堡王国内政部担任书记员。内政部长非常赏识他，后来又任命他去管理蒂宾根大学。

李斯特在1827年到1837年间，写出了名著《美国政治经济学大纲》《政治经济学的自然体系》《政治经济学的国民体系》。

李斯特率先提出了经济发展阶段理论。他认为："从经济方面来看，国家都必须经过如下发展阶段：原始未开发阶段—畜牧业阶段—农业阶段—农业和制造业阶段—农业、制造业和商业阶段。"这五个发展阶段是依次递进的。

李斯特特别重视制造业的重要性。他相信，"无论何时何地，只有制造业达到了更高的繁荣状态时，我们才会看到航海业、国内和国外贸易，甚至农业本身繁荣起来。"他为此使用了"制造力"（Manufakturkraft）一词，甚至把与这种力量同一国的科学和艺术的兴衰以及政治制度的变迁联系起来，认为一国的制造力可以"促进该国科学、艺术和政治的发展，并能增大人民的福利，增加人口、财政收入和国家实力"。

李斯特也提出了在当今仍有影响的"幼稚产业论"。他认为：发展工业是德国走向繁荣和统一的必由之路。德国工业要用高额进口税和其他贸易政策来保护，才能保证它不受外国竞争的打击，从而得到发展。

李斯特不是一个理论空谈者，他同时积极地将他的理论付诸实践。他成为德国工商业者联合会的中心人物，倡导建立德意志关税同盟。

早在1825年，李斯特就草拟了德国铁路建设的计划，并在1832年参与了莱比锡—德累斯顿铁路的建设工程，这条线路在1839年建成。

李斯特的所思所为，为打下德国统一的物质基础贡献甚伟，就像他形象地评论的那样："铁路系统和关税同盟是连体双胞胎，具有一个思想和一个感官，互相支持，追求同一个伟大目标，把德意志各个部分统一成一个伟大、文明、富足、强大和不可侵犯的民族。”

弗里德里希·李斯特像

但李斯特旨在统一德国、进行民主改革的许多主张，却侵犯了当时从诸邦割据中得益多多的诸侯们的利益，他们因而忌恨和迫害李斯特。李斯特先是被剥夺了在蒂宾根大学的职位，再被以“煽动闹事，阴谋颠覆国家政权”的罪名被判处10个月监禁。李斯特后来潜逃到法国和瑞士。两年后回国，随即又被关押。为了彻底摆脱这个危险分子，政府同意他移居美国。

1825年李斯特一家到了美国。他开始经营农场，还担任过报社编辑，并开办了一个规模很大的煤矿。12年后，矿山在美国的银行危机中破产了，李斯特陷入生活困境中。期间，他不能在德国找到一份固定职业。法国梯也尔政府曾邀请他担任铁路建设和贸易政策方面的要职，但由于法国对德国的侵略性态度，李斯特拒绝了。俄国财政部长曾经聘请他在政府中担任要职，以推行他的“国民体系”，李斯特因为俄国实行专制的沙皇制度也给予了拒绝。

李斯特最后万念俱灰。当他的儿子在1846年死于战祸之后，他于同年的11月30日，开枪自杀，一了百了。

普鲁士的铁路网在1840年才185公里，5年后就增加到了1106公里。

传说1845年法国开始建设有战略意义的铁路网，其东部重点站对德国安全存在潜在威胁，柏林号召实行可协调的全德国铁路战略政策，但没有成功，而且当时也缺乏一个统一的铁路网络度量标准。

到了1869年，德国的铁路已经长达1.77万公里，其中普鲁士区域有1万公里。在1873年，德国成立了帝国铁路管理局控制全境铁路。1879

年，以债券交换股权的方式，各州开始接管私人铁路。1920 年，德国铁路开始国有化，在 1924 年正式成立了国家铁路。

铁路为德国国家财富的积累做出了重要贡献，并在德国的国家统一和军事行动中成为重要的工具。

德意志帝国的开国元勋毛奇元帅在 1843 年就观察到：每一次铁路的发展都增添了军事优势，对国防而言，花费几百万建设我们的铁路，比投资堡垒要塞，能产出更多的效益。

著名的应付大战的《施利芬计划》的一个支撑点也放在了德国发达的铁路系统之上。

施利芬于 1833 年 2 月生在柏林的一个贵族家庭，父亲是普鲁士的少将。他以近卫骑兵军参谋的身份参加了普奥战争。战争结束之后，施利芬被任命为驻巴黎大使馆武官，从而全面了解和熟悉了法国军队的情况。

普法战争期间，施利芬在陆军总司令部担任参谋军官，很受德国名帅毛奇的器重。

1884 年，施利芬被调回总参谋部。自他的夫人在 1872 年早逝之后，他便将自己与世隔绝，此时更是终日不离开总参谋部，过着孤独的生活。他常常挂在嘴边的一句话是："一天有 24 小时的工作时间，如果不够，只得晚上加班。"

1888 年，施利芬被擢升为军需总监，得到接替毛奇的总参谋长瓦德西的欣赏，很快就成为瓦德西的有力助手。瓦德西后来担任了侵华的八国联军的总司令。

当瓦德西在 1891 年被威廉二世解除职务后，施利芬顺利地接任了总参谋长一职。

在担任总参谋长的 16 年里，施利芬没有指挥过实际的战役，但他适应德国对外扩张的需要，遵从德皇威廉二世的旨意，致力于德军的组织建设和军事训练。更下足功夫，对德国在下一场欧洲战争中应采取的战略和战术原则进行了特别详尽的预测和部署，并形成《施利芬计划》。

《施利芬计划》是一份对德国实施两线作战问题的备忘录，它于 1905

年12月提出，1912年即施利芬离开德军总参谋长职位之后的第6年，作了最后一次修补，从而成为德国对这一问题提出的第一个完整方案，并作为一战时德国战争计划的基础。

在1890年之前，德国国防军高层都倾向于把俄国作为首先打击的对象，施利芬上任后，力排众议，为确保首先在西线取得胜利，在东线可以不设防，必要时也可放弃一些省份。

《施利芬计划》将最先作战的重点放在了西方，共安排了26个军、14个预备师、11个骑兵师，计划在4~6周内迅速击败法国；而后利用铁路调运，挥师东进，用两三个月去战胜俄国，在此之前，东方先只部署留3个军、4个预备役师和2~4个骑兵师。

第三帝国也对铁路建设给予了高度重视。在为柏林制定的新首都建设规划中，火车北站和火车南站成为“世界之都日耳曼尼亚”两个重要节点。当时还用高科技设计了高7米、轨距6米的双层高速列车。

铁路系统在第二次世界大战期间自然也发挥了推波助澜的作用。所以，在坚决讨伐纳粹屠杀犹太人罪恶的贝亚特·克拉斯费尔女士的逼迫下，德国铁路公司于2007年在旗下所有的火车站举行活动，反思帝国铁路公司在第三帝国期间驱逐数百万犹太人的所作所为。

贝亚特·克拉斯费尔还曾经在1968年11月7日进入国会大厅，在基民盟联邦党代会最后的一天，给时任联邦总理的基辛格一个响亮的耳光。因为在二战结束之前，基辛格一直担任德国对外广播电台的副台长，他为自己的经历辩解道：“自己始终在努力使反犹煽动不至于太过火。”

第二天，贝亚特·克拉斯费尔收到了一捧50朵玫瑰组成的花束，花束是由后来获得诺贝尔文学奖的伯尔送出的。但是，她还是被判处1年有期徒刑并立即执行。

.3.

德国铁路活期通票

如今，欧洲大部分的火车网络都为国家铁路公司拥有及运营，如德国的 Deutsch Bahn（DB）、西班牙的 Renfe、意大利的 Trenitalia。

在欧盟的主导下，各会员国必须在 2019 年开放火车旅行市场并允许竞争公司提供服务。英国境内已于 1994 年开放铁路私有化。德国统一之后，德国铁路开始从联邦政府中逐渐脱离出来，并从 1994 年开始私有化改革。由于政府的不断干涉，企业内部意见不一，以及各处各样的历史原因，德国铁路的私有化道路走得并不顺畅，现在仍处于改革的最后阶段。

柏林中央火车站

德国的 DB 是欧洲最大的铁路运营商，在 1987 年，就已形成营业里程达 4.17 万公里、布局合理、高密度、现代化的路网体系，如今的每年载客量约 20 亿人次。在 2018 年 7 月 19 日发布的《财富》世界 500 强排行榜上，DB 位列 211 位。

DB 的高速城际快车（ICE）连接德国主要城市，以及部分以比利时、瑞士、奥地利、法国、丹麦和荷兰境内为目的地的国际路线。

DB 的活期火车通票分好几种，可在 1 个月内连续或不连续使用 3 天、4 天、5 天、7 天、10 天和 15 天。

以使用 7 天的活期通票为例，一个成年人乘坐二等车厢，票价是 280 欧元（此为 2019 年价格），两个成年人同行，则每张票是 212.5 欧元。

拥有这种票，在一天中是可以乘坐 DB 开设的奔驰在德国国内的各种火车的，而且不受车型、车次及乘坐次数的限制。这当然就显得极为方便，而且极为优惠了。以 7 天票为例，每日均价是 40 欧元，而从哈尔茨山下的韦尔尼格罗德火车站前往柏林火车总站的单程票，有一种线路是总用时 3 小时零 9 分、中间转 2 次车的，票价是 22 欧元，另一种线路是总用时 3 小时 16 分、中间转 3 次车的，票价竟然是 55.9 欧元。

在从德国开往国外的一些车次上，可凭此票享受一些票价优惠。

在莱茵河经典区段航行的 DK 邮轮，也可凭此票免费搭乘，畅享沿途浪漫风光。

这种通票还可以免费乘坐 DB 开设的 S-Bahn 车，也能免费乘坐 DB 在一些城市开设的公交车。比如，在闻名的鹰巢和国王湖所在的德国贝希特斯加登，其火车站前就有 DB 公交车开往奥地利萨尔茨堡，如需购票，单程票价是 18 欧元。

这种通票在中国国内可以购买。在上面填上自己的护照号、姓名，在德国的某个火车站的售票窗口盖个章，就可以开始使用（这个盖章环节如果被省略了，实际上也不妨碍使用）。哪一天需要使用通票，就在票上填上那一天的日期。碰上查票员，他会在那一天的位置上盖个戳。

一般情况下，是不需要再额外交钱订座位的，因为德国的火车很多时候都坐不满。在每个座位的某个位置，会有该座位是否被订座以及在何运行区段订座的信息显示，可以让你判断哪个位置在哪些区段是空着的。

现在已经可以在手机上进入DB网站，从而对各种乘车信息了如指掌。

在各个火车站，也都有大幅的列车班次信息表张贴出来。黄色的表所载的信息是以所有车次从本站离开的时间来作为考量标准的，而白色的表则是以所有车次到达本站的时间来作为考量标准的。

遇到比较复杂的情况，还可以去车站的售票及询问处。你不必有太多的外语储备，只要能半说半比划地表明你大致的乘车需求即可，比如：从哪里去往哪里，是哪一天，以及具体的出发时间，售票及询问处的人员都会给你查出最佳的和备用的车次，并打印成纸给你，具体到总的用时、需要转车的次数、每一车次的出发和到达时间及相应的站台。

Part 2

雷根斯堡

.4.

多瑙河的蓝色之波

按照德国法兰克福数据中心给出的2010年的人口统计数据，德国人口达50万以上的城市有15个。仅以城区人口数量来排名的话，前六位城市分别为：柏林（350万）、汉堡（180万）、慕尼黑（130万）、科隆（100.7万）、法兰克福（73.3万）。

仿照数学几何的方法，将德国陆地疆域分为四个象限的话，柏林处于第一象限，汉堡处于第二象限，科隆和法兰克福处于第三象限，慕尼黑处于第四象限。

就发挥铁路枢纽的作用而言，柏林、汉堡、法兰克福和慕尼黑正好成为四个象限中的核心。因此，利用铁路游历德国的话，可以以这四个城市为基本的根据地。

鉴于中国与德国的空中交通，在德国境内的起降城市无非是法兰克福和慕尼黑，铁路游历的起点和终点就无非是法兰克福和慕尼黑了。

以法兰克福或慕尼黑为起点和终点设计的游历线路可以有多种，其中以空降到慕尼黑，并首先前往雷根斯堡，而后逆时针行进，最后返回慕尼黑搭机回国不失为一种上上选，因为其头站雷根斯堡就自然景观和人文景观而言，都是妙不可言的，甚至在人文景观方面有一种指南作用可以依赖。

到了慕尼黑机场，可以有两种途径去雷根斯堡。

一种是在机场坐S8，40分钟后去到慕尼黑城内的慕尼黑火车总站，从那里乘坐最快的车次，1 小时到雷格斯堡。

一种是在机场坐 S1，7 分钟后在 Nauw 站下，转乘反向开往 Freising 站的 S1，时间也就 7 分钟。在 Freiing 站乘坐从慕尼黑开往纽伦堡的慢车，到达纽伦堡要 2 个小时，而中途在雷格斯堡下车，只要 1 个小时。

飞机从中国飞往慕尼黑，一般都是从捷克空域进入德国的。进入德国空域不久，很快就可以俯瞰到雷格斯堡地区，这一带山脉密集，山形奇诡，如飘带一般的多瑙河更是赫然入目。

多瑙河全长 2850 公里，在横跨欧洲的南部和东部大陆过程中，它吸纳了 300 多条支流，流域面积达到 81.7 万平方公里。

多瑙河发源于德国巴登—符腾堡州黑林山中。一般将多瑙兴根视为多瑙河的源头，布雷格和布里卡两河也在此汇流，布里卡河离黑海相对近一点，因而被视为布雷格河的支流。在多瑙兴根的福斯登贝格公园里，有一块碑就标示着“这里就是多瑙河的源头”。也有人将多瑙河源头放在福特望根，布雷格河就发源在此，这里距离出海口为 2888 公里，比多瑙兴根还要长 48.5 公里。福特望根的市长就曾带领市民将一瓶取自布雷格河的水倒入多瑙兴根的泉源中。

多瑙河流出巴登—符腾堡州后，向东经过巴伐利亚州，在帕绍之后，进入奥地利。坐火车从雷根斯堡到帕绍，需要 1 个小时。

多瑙河之后又逐次经过斯洛伐克、匈牙利、克罗地亚、塞尔维亚、保加利亚、罗马尼亚、摩尔多瓦、乌克兰，因为流经了 10 国而成为世界上所有河流中流经国家最多的河流。

就历史地图去观察，它的主要流域基本在昔日的德意志帝国和奥匈帝国的疆域之内，也即是说它可以被看作是一条具有很大的德意志成分的河流，并因而与莱茵河相映成趣。

伟大的德国诗人荷尔德林在 1801 年分别为莱茵河和多瑙河写出了赞美诗篇，献给多瑙河的名为《在多瑙河源头》，献给莱茵河的名为《莱茵河——致辛克莱尔》。荷尔德林还在两年后写出了另一部有关多瑙河的诗歌《伊斯特河》，“伊斯特河”是古希腊人对多瑙河的称呼，古希腊诗人奥维德也因此将多瑙河称为双名河。而古罗马人在恺撒之后，将从源头到铁门这一段称为多瑙河，而将从铁门直到流入黑海的入海口这一段称为伊斯特河。

荷尔德林像

莱茵河被荷尔德林比拟为人的生命，它在发源地是少年，到了中游，则成长为男人。莱茵河这一拟人化成长过程同时意味与本源的离异，进入新生命的觉醒，并在最终复返本源。

多瑙河被荷尔德林赞誉为旋律之河，是诸神之间深藏的辩论，它连接欧洲和亚洲，作为德国与希腊之间的通衢，沿着这条路，诗和文字在神话的年代降临，将存在的意义带到西边的德国。

尽管这两条河流都得到了荷尔德林这样伟大的德国诗人的衷心赞美，但在德国的文化领域或精神境界中，它们还是具有不同的乃至是几乎对立的非自然意义，具体表现在：莱茵河象征了日耳曼的美德和纯粹，神秘地监护着种族血统的纯正；借多瑙河表达的意趣则更多偏向了东方和亚洲，多瑙河经常笼罩在一种象征性的反德氛围中。

施特劳斯像

莱茵河常常被德国人称颂为“父亲之河”，而多瑙河常常被描绘为阴柔的女性形象。在靠近多瑙河源头处有一个雕塑，就以一个柔弱的宝宝为形象，被代表巴尔的女性形象所怀抱，巴尔是环绕此地的缓丘区域。

约翰·施特劳斯创作的圆舞曲《在美丽的蓝色多瑙河畔》可谓最著名的多瑙河颂歌，当时的著名音乐评论家汉斯立克将这首曲子称为“无词的爱国主义民歌”。按照一项老的传统，广播电台在新年那天凌晨播放的第一首音乐也就是这首圆舞曲。

有些很较真的人质疑："多瑙河真的是蓝色的吗？"至少据 1935 年的一次统计调查，在那一年，流经维也纳附近的多瑙河从来没有呈现过蓝色，而是有 6 天呈棕色，24 天为铜绿色，37 天为深绿色，38 天为浑绿色，47 天为草绿色，49 天为浅绿色，55 天为土黄色，109 天为宝石绿色。其实，约翰·施特劳斯之所以将这首圆舞曲冠名为《在美丽的蓝色多瑙河畔》，无非是他读过匈牙利诗人贝克的同名诗句并深受感动罢了。贝克虽然是匈牙利人，但却用德语写作。而他在诗中歌咏的那多瑙河其实也不在维也纳一带，而在他的故乡博约。在博约，与位于多瑙河附近的另一条名叫蒂萨的河流所呈现的金黄色相比，多瑙河才显得是蓝色的。

.5.

见证帝国议会历史的博物馆

雷根斯堡的名字来自古代的“雷根城堡”，这座长方形的城堡如今还残存着古罗马城墙。

雷格斯堡所在的区域曾经成为古罗马军团的露营地，它们的痕迹至今还可以在圣彼得大教堂周围见到。

雷格斯堡在 179 年由马库斯·奥勒利乌斯皇帝建立。爱尔兰传教士圣卜尼法在 739 年将它变成了一个主教教区。在 1245 年之后，雷格斯堡成为神圣罗马帝国的自由城市。

历史上的神圣罗马帝国并非单一民族国家，而是一个凝聚力较为松散的地区性政治组织，其中有几个说德语的国家，还有个别说意大利语的国家。

公元 476 年，西罗马帝国雇佣军的首领、日耳曼人奥多亚克发动政变，废黜了皇帝罗慕路斯·奥古斯都，从此灭亡了西罗马帝国并标志着西欧中世纪的开端。但古代罗马帝国的历史并未在西欧中止。其后 300 年，日耳曼人在原罗马帝国版图上建立起一系列的所谓蛮族王国，他们肯定受到了罗马文明的同化或影响，其中一些人还特别酷爱以自己的力量去维持罗马盛名的光荣和基督教的神圣信仰。

西罗马帝国的实际继承者是克洛维在 486 年建立的法兰克王国。“法兰克”源于古斯堪的纳维亚语，意为“勇敢”。作为西日耳曼人的一族，公元 1 世纪起，法兰克人就散居在莱茵河下游东侧一带，与西岸的罗马统治区隔河相望。西罗马帝国灭亡之后，他们征服了高卢人，占领了今日的法国北部和整个莱茵兰。法兰克王国建立后，克洛维承认东罗马帝国皇帝的权威，被任命为罗马执政官。

法兰克王国在查理的统治下走向了顶峰，查理因而也被称为“欧洲之父”。查理于公元800年在罗马圣彼得教堂被教皇利奥三世加冕的时候，其统治区域已经东起易北河与多瑙河，西抵大西洋，南起比利牛斯山和意大利，北达北海，完全可以和古罗马帝国相媲美。利奥三世为感激查理拯救他于危难之际，并让他重登教皇宝座，亲自将罗马皇帝的金冠戴在了查理头上，尊他为罗马皇帝。查理的帝国因此又史称法兰克民族罗马帝国，简称罗马帝国。

随着查理在814年死亡，法兰克民族罗马帝国的盛景急转直下，843年，查理的三个孙子就签下了凡尔登条约，将先辈庞大的遗产一分为三，这就是今日德国、法国和意大利三个国家的雏形。法兰西较早地脱离了所谓帝国的束缚，而德意志和意大利却一直迷恋着帝国的虚名，帝国的皇冠主要在德意志和意大利的国王手中交接。

来自德国萨克森的奥托一世又被尊称为奥托大帝、“祖国之父”，他三征意大利，于教皇有恩，在962年被加冕为罗马皇帝。也是从奥托大帝开始，罗马帝国的皇冠只被恩赐给德意志的国王。

到了11世纪，这个帝国又改称“神圣罗马帝国”，以此强调自身符合上帝的意志。

1471年，正是在雷根斯堡召开的帝国议会上，这个帝国再改称“德意志民族的神圣罗马帝国”，意味着德意志民族有意识地将“民族”引入政治领域。

伏尔泰早就对这个德意志民族的神圣罗马帝国发出了无情的嘲笑，因为它“既不神圣，也非罗马，甚至谈不上德意志”。

这个习惯被称为“第一帝国”的帝国，延续了840多年，直到1806年毁于拿破仑之手。罗马教皇主持了拿破仑在巴黎圣母院加冕的全部宗教仪式，彻底否定了神圣罗马帝国皇帝的合法性。

帝国的自由城市曾经有大约75个。它们直属皇帝，不属于任何一个帝国贵族管辖，是现代行政区划概念的起源，有权利派人参加帝国议会，也对皇帝负有一定义务，如果皇帝下令，必须派兵作战。在这种管理体制下，市民权利得到相对的保证，也带给他们相当的荣誉感和自豪感。

按照惯例，神圣罗马帝国的“首都”随皇帝的居所而定，而选举皇帝的地方被定在法兰克福，帝国议会则设在交通便利的地方。因此，纽伦堡和沃尔姆斯曾是议会所在地，而从1663年开始，则一直设在了雷根斯堡，直到帝国在1806年解体。

为此，雷根斯堡还有一个帝国议会博物馆，门票为2.8欧元。里面有为从德国各地赶来的王公贵族办公和开会的房间，地下室还展示了审讯室和审讯工具以及牢房。那个名叫“西班牙驴”的刑具是一根很高的木桩，男囚犯会被强迫着裸体坐在上面。当时的法律规定，一个犯人如果能挺过3天的刑罚仍不肯认罪，即使罪证确凿，也会被释放。

.6.

德国的香肠和面包

雷根斯堡在整个中世纪时期都是德国南部发展最快的商业中心和文化中心。在通俗版的浮士德传奇《风俗书》中，它被赞颂为数世纪的世界奇迹。马克西米安一世在 1517 年还称赞雷根斯堡是“很久很久以前德国所有富裕知名城市当中最繁荣的一座”。德国作家海因里希·劳勃在 1834 年曾幻想老雷根斯堡有这样的闲情古风：唇色甜美的女孩被亲吻时会放低眼睛，歌曲如多瑙河上的波浪那样忧伤而短暂，而且看不到半个警察和文学批评家。

领略雷根斯堡风情的一个绝好地点是多瑙河上的史丹尔内大桥。它全长 310 米，建于 12 世纪，曾经是多瑙河上唯一建有防御工事的桥梁。

多瑙河在史丹尔内大桥这一段的河面不宽不窄，流速也不慢不快，河水相当清净，吸入从河水中激发出来的气息，让人很快感觉像洗了肺一样痛快。

站在桥上，往南一瞥，就可以看见雷根斯堡的最具标志性的建筑圣彼得大教堂。从大桥去到大教堂，直线距离也不过 700 米。

雷根斯堡有幸在第二次世界大战期间少受毁坏，从而成为欧洲保存完好的中世纪城市之一，仅仅在市中心，就有 1500 多处被列入了地标名单。

圣彼得大教堂是巴伐利亚州最辉煌的哥特教堂之一，始建于 1250 年，1525 年建成，但是那个镶嵌金银丝的尖顶是晚至 19 世纪才添加上去的。与很多哥特教堂差异很大的是，其堂内空间相当黑暗。位于教堂唱诗区的彩色玻璃窗源于14世纪早期，以图案精细繁丽著称。其图案的精与繁实在有点过度，人站在地面上，隔着那么远的距离仰头观望，很难较快地和较好地看出它们究竟是在用怎样的图像演绎怎样的故事和宣示怎样的教条。

还有一个特点让圣彼得教堂声名远播，那就是它的少年合唱团有着世人公认的高水平，被誉为“教堂之雀”，可与维也纳童声合唱团一比高下，曾有教皇的弟弟作为它的重要成员。每个周日早上9点半，这个少年合唱团都会参与教堂的弥撒仪式。因此，那时挤满这个教堂的很多人可能都只是冲着音乐或歌唱去的，而不是冲着宗教音乐或宗教意趣去的。

1789年，莫扎特路过雷根斯堡，他当时应朋友卡尔·李希诺夫斯基王子的邀请，陪王子去柏林。他每天都给妻子康斯坦茨写信，告诉她旅程中的趣事。关于雷根斯堡，莫扎特这样写道：“在雷根斯堡，我吃了一顿丰盛的午宴，这里有天籁般的音乐表演，来自英国的女主人和美妙的摩泽尔葡萄酒。”

相信莫扎特当时也吃过雷根斯堡很有特色的面包和香肠吧。

就在史丹尔内大桥的南桥头，坐落着老字号香肠铺（Historische Wurstkuche），这个建筑本来是11世纪建造石桥时用来吃饭的场所，如今被改建为香肠专卖店。其中一种香肠配了一种与众不同的甜芥末，最受食客们欢迎。白天排队的人几乎要排到多瑙河水里去了。

就在史丹尔内大桥的南桥头往南600米的地方，坐落着乌利面包店（Dampfnudel-Uli）。其名牌面包是用牛奶和油蒸烤并加入了酵母的软面包。这种面包在当地其实很普通，但是雷根斯堡的面包师乌利·德伊采却将它做到了极致。

一谈到饮食，很多人对德国人都会抱有一种鄙夷的态度。

相比邻居法国的法式大餐，德国的饮食的确不那么丰富和奢华。原因何在呢？

不能简单地说德国人不会做饮食，能够简单地说的，仅仅是他们不愿意做饮食罢了。

记得爱因斯坦就特别喜欢吃意面，他说自己就想图个简单，不想为了吃吃喝喝而浪费太多的时间和精力。这也算是说出了德国饮食较为简约的原因了吧。爱因斯坦和德国人的时间和精力都被投注到他们自认为更有意义的活动上面去了，尤其是精神活动。

尼采也很喜欢简单的生活，他觉得那样会让自己的思维更加敏捷。他曾常常问自己的母亲："普通人如何过日子？我也想尝试一下。"他的母亲每次听到之后，就会开怀大笑，她告诉儿子："他们以土豆、肥肉、劣质咖啡和酒为生。"尼采总是闻之叹息，"哦，这就是德国人的生活啊。"

还有一个德国名人这样说出了原因，"这种节俭的习惯与吝啬没有什么关系。人们有意要与那些天主教国家的人，比如那些在晚上大吃大喝的法国人划清界限。说真的：如果谁有机会能选择阅读以下诸位的作品——歌德、黑格尔、威廉·洪堡、亚历山大·洪堡、海涅和贝蒂娜，那他就不会热衷于大嚼特嚼牡蛎、烤鹌鹑或是法式花色小蛋糕了。"

从二战初期德军优先配给的"I 级伙食"也可以看出德式饮食的基本结构，每周主要包括：黑麦面包 750 克，黄油或食用脂肪 45 克，香肠 120 克，果酱或人造蜂蜜 200 克，煮过的土豆、其他蔬菜 750 克，肉类 120 克，动物脂肪 45 克，调料 15 克，咖啡豆 8 克，巧克力或糖果一袋，香烟纸 7 卷。

德国的肉食以猪肉为主。有一年度的统计表明，德国人每人每年的猪肉消耗量为 65 公斤，居世界首位。

由于偏好猪肉，德国人也爱树立猪雕塑。在吕贝克的一条街上，就有好几座，有一座还是群猪雕像，猪们被塑造得十分逗笑。

猪肉的普遍食法是香肠。

香肠的历史有 3000 多年。在《奥德赛》中就提及了一种血肠。香肠最早是穷人食品，因为填充物多为燕麦，肉类为辅料。4 世纪的时候，第一个信仰基督教的君士坦丁大帝曾宣布制作香肠是违法之举，因为教会禁止庆祝节日，并认定食用香肠乃是一种罪过。

德国香肠多数为纯肉加调料制作，不加淀粉。生肉灌制的香肠一般都可以生吃。

德国香肠的品种竟然达到了1500多种。每个地方都有自己引以为傲的香肠品种，其中雷根斯堡和哥格廷的香肠从中世纪起就已享有盛名；图林根的红肠加有好闻的墨角兰香料；卡塞尔流行肝泥香肠；施瓦本地区的黑香肠则加入了百里香、丁香和豆子等调味品；柏林甚至为自己的特产咖喱香肠建了一个博物馆。

德国的国菜就是在酸卷心菜上铺满各式香肠及火腿。有时干脆就用一整只猪后腿代替香肠和火腿。那烧得熟烂的一整只猪腿，仅一名德国人便可以面不改色地干掉它。

德国咸猪手早就闻名世界了。它选用约800克的半个猪手和香叶、百里香碎、西芹末、蒜片、洋葱丝、盐、胡椒粉、白兰地等调料。做法是先将所有调料混合抹在猪手表面，按揉一时半会儿，而后放入保鲜盒，置于冰箱里腌制24小时。腌制好的猪手取出后，要留下香叶、蒜片、洋葱丝，用清水冲洗一下猪手，再放进蒸笼大火蒸30分钟。取出滤干了，再在烤箱中进行180度的预热。最后用锡纸将猪手和留下的香叶、蒜片、洋葱丝包在一起，烤上50分钟。去掉锡纸之后，还要继续烤10分钟。

96%的德国人天天吃面包，年人均使用面包超过80公斤。大面包品种有250种，一般超过1斤，其样式有的像枕头，有的像方向盘。小面包的品种则有两千多种。

德国人推崇天然食品，特别是全麦面包，白面包被他们谴责为“法国大革命的产物”。

德国人的简便晚餐叫“Abendbrot”，顾名思义是以面包片为主。它简单，有些死板，但充满爱意。

这种晚餐将黑麦、黑麦混合或全麦面包切成8毫米厚的薄片，抹上薄薄一层黄油，再配上（提尔西特）奶酪、（黑森林）火腿及（蒜肠）香肠片。酸黄瓜要被切成片并叠摆成扇面形。抹了黄油的面包片，一片上面放奶酪，一片上面放火腿片，一片上面放香肠片。理想状态下奶酪、火腿及香肠片的形状与大小要与黑麦、黑麦混合或全麦面包的形状与大小匹配。

从而产生简便而又和谐的特点。

土豆也是德国饮食中的主力品种。土豆的大规模种植是在腓特烈大王任内大力推行的。德国当时刚刚经历了残酷的“三十年战争”，民生凋敝，腓特烈大王他希望土豆这种高产作物能迅速而有效地改善食物供应状态。

想一睹德国饮食的奇诡面貌，柏林西区购物中心第五楼的食品部是一个最佳的窗口，在那里，就摆设了 1800 种不同类别的奶酪，1000 种香肠和 800 种面包。

慕尼黑圣玛利亚广场的面包店

.7.

壮丽的瓦尔哈拉圣殿

瓦尔哈拉圣殿在多瑙施陶夫附近，离雷格斯堡市区约10公里。最方便的去法，就是去到史丹尔内大桥往东100多米的地方，乘坐Schifffahrsunternehmen Klinger游轮。游轮的往返价是9.5欧元，单程需时1小时。

游轮开动不久，河面就渐渐开阔起来，水鸟与飞禽特多，靠近瓦尔哈拉圣殿所在地段，山河逶迤，气象非常壮丽。

修建瓦尔哈拉圣殿的念头是巴伐利亚国王路德维希一世在1806年涌出来的。

在多瑙河上远眺瓦尔哈拉圣殿

19世纪初，德国掀起了修建纪念碑的高潮，尤其是随着抗击法国侵略的解放战争的发展，形成了一种对纪念碑的狂热崇拜。在这股浪潮中建起的，还有汉诺威的莱布尼茨纪念碑、雷根斯堡的开普勒纪念碑、柏林的克罗伊茨贝格纪念碑等。

因为当时正与拿破仑结盟，不得不承担盟军义务，路德维希一世不得不对修建圣殿的想法保密。1807 年元月，他前往华沙前线视察正同俄罗斯人激战的部队，于途中在柏林逗留，他乘机与著名的雕塑家沙多就自己的计划进行了讨论，委托他在保密状态下制作系列著名人物的肖像雕塑。沙多是当时雕塑界的领军人物，制作了被视为柏林最宏伟的新古典主义雕塑作品即勃兰登堡门上的四马二轮战车。最初的计划是要创作 50 尊雕像，路德维希一世对艺术非常在行，他多次审查沙多交出的作品，非常敏锐地发觉头发的处理有些草率并要求沙多认真修改。

德国解放战争在 1813 年获得了胜利。次年，路德维希一世就修建瓦尔哈拉圣殿发起了一场设计竞赛。在各种建筑样式中，路德维希一世更喜欢雅典卫城巴特农神殿模型中的多立克式列柱走廊。最后，按莱奥・冯・克伦策的方案修建起来的圣殿象征了期望中的希腊和德国的结合共生。

圣殿的门票是 4.5 欧元。

从河边登到位于山顶的圣殿，要爬 350 级大理石台阶。

圣殿大厅被墙墩分为三个部分，屋顶是开放型的，殿内可从那里直接采到自然光。楼廊上有从黑暗时期到中世纪的著名人物姓名，但并无肖像雕塑。今天，圣殿里放置的伟大的德国人的胸像共有 161 座。它们有的只有名字，如歌德，也许是歌德的全能之才让他难以被进行职业分类；有的加上了其人从事的职业，如为莫扎特的名字加上了作曲家的字样；有的还被进一步给予了界定，如克洛普斯托克被加上了“神圣的游吟诗人”这样的定语。

按照路德维希一世的观点，“日耳曼”的含义等同于“使用日耳曼语系语言”，乃至等同于“使用近似日耳曼语系语言”。所以，瑞士、丹麦、比利时的英雄也会在其圣殿中占有位置，如伟大的画家鲁本斯。

伟大的音乐家舒曼、伟大的企业家戴姆勒、伟大的文学家托马斯・曼和亨利希·托马斯没有入列。伟大的诗人海涅在2009年入了列。爱因斯坦后来也被放进来了。

进入圣殿雕塑的女性人物极少，但有俄国的叶卡捷琳娜大帝，虽然其伟业和荣耀是建立在俄罗斯土地上的，但她是一位来自德国的公主。

2003年进行了一次大规模的展品调整，也为女子苏菲·绍尔树了雕像。她与哥哥一起在慕尼黑大学组织了反对希特勒统治的地下组织“白玫瑰”小组，事败之后被捕杀。

瓦尔哈拉圣殿内景1

瓦尔哈拉圣殿内景2

.8.

精绝的解放纪念堂

解放纪念堂和瓦尔哈拉圣殿可谓珠联璧合的一对人文胜地。在地理位置上，解放纪念堂位于雷根斯堡西南方向，相对地处于这一段多瑙河的上游；瓦尔哈拉圣殿位于雷根斯堡东方，相对地处于这一段多瑙河的下游。

在雷根斯堡火车总站搭乘火车前往赫尔海姆镇车站，出火车站后，有DB 开设的公交车开往镇内。

解放纪念堂屹立在镇内的米歇尔斯堡山顶上，门票是 3 欧元。

修建解放纪念堂是路德维希一世 1836 年畅游希腊时想出的点子，并在 1842 年奠基，于 1862 年完工。

所谓“解放”，是指德国人民从侵略者拿破仑的铁蹄下获得解放。因此，纪念堂向外的环形立面装饰了 18 座高 6 米的石灰雕像，它们由巨大的方柱所支撑，分别代表着参与反法战争的 18 个德裔民族，包括波西米亚人和摩拉维亚人。在殿内，34 尊胜利女神的卡拉拉大理石像高 3.3 米，“她们”各持一个铜盾，上刻战役名称，顶上的匾额刻上伟大将领之名。

可以在解放纪念堂与瓦尔哈拉圣殿之间做这样的比较：如果圣殿可以更多地以其内容的人物塑像来夺走我们的视线的话，纪念堂则更多地是以其内容的天使塑像来夺走我们的视线；人物塑像神形各异，天使塑像则神形趋同；圣殿的具体内容是丰富的，可以从整体感受为一种内容，而纪念堂则具体形式精彩，可以从整体上感受为一种形式。

解放纪念堂内景

.9.
打开宇宙之门的开普勒

伟大的科学家开普勒是在雷根斯堡结束自己生命的。因此，在雷根斯堡火车总站前的小广场上就建有一座亭式的开普勒纪念碑，在史丹尔内大桥西南边 200 多米处有一条街被命名为开普勒大街，开普勒大街 5 号曾是开普勒的住所，现在开辟为开普勒纪念馆，门票是 2.2 欧元。

伏尔泰这样赞美开普勒：“我们以前都是瞎子。”

黑格尔这样赞美开普勒：“开普勒的宇宙有序和谐思想是一种伟大的哲学思想，一种超越时代、超越历史和具有永久生命力的伟大哲学思想。”

爱因斯坦这样赞美开普勒：“在开普勒所生活的时代，在根本没有确信自然界是受规律支配的情形下，开普勒曾经勇于去寻找规律。他专心致志地从事艰辛和坚忍的工作，从事行星运动的经验研究以及这运动的数学定律的研究。使他获得这种力量的，是他对自然规律存在的信仰。这种信仰该是多么深挚啊！”

开普勒像

开普勒生于符腾堡州的魏尔镇，祖父一度担任过镇长，是一个十分活跃的新教领导人。

开普勒的家道到父亲时开始衰落。他的父亲是雇佣军人，有点钱在家乡开了家小旅店。由于母亲非常任性，父母间经常失和，父亲也就喜爱长期服役从而避开家庭争吵，最终在一次征战结束回家的途中病死。

开普勒有 4 个兄弟姐妹，只有一个弟弟活了下来，且患癫痫。

开普勒是早产儿，体质较差。4 岁那年，又患上天花和猩红热，视力减弱，一只手半残疾。

到了 9 岁时，为生活所迫，开普勒就去做佣人，直到 12 岁，才在他人帮助下重返校园。

开普勒在 17 岁时进入了著名的蒂宾根大学，大学期间，开普勒受到天文学教授马斯特林影响而信奉哥白尼学说。毕业后，开普勒到奥地利的格拉茨大学任教，教授的是文学、历史和数学。同时，他开始全心全意地研究宇宙问题尤其是行星问题了。

1597 年，开普勒迎娶了一位富裕磨坊主之女。不过，他们的儿子和女儿却都在生后夭折。不久，开普勒的母亲又被控告为女巫，开普勒又要四处奔走去营救母亲。

尽管在生活中遭遇到种种不幸，开普勒对科学事业的巨大热情始终支撑着他。

1599 年，开普勒将自己的《宇宙的奥秘》寄给著名的天文学家第谷。

第谷是丹麦人，丹麦国王也喜欢天文学，赞助他在一个岛上建立大型的天文观测站。当时还没有发明望远镜，第谷就用肉眼观看了 21 年，积累了大量的宝贵资料，但是他拙于理论分析。

赞助第谷的老国王去世后，第谷得不到新国王的欢喜，只好到布拉格，担任了神圣罗马帝国皇帝鲁道夫二世的御前天文学家。

第谷和开普勒在很多方面能形成最好的互补关系。

第谷出生贵族，声名显赫，生活奢侈，性格暴烈。有一次在舞会上与一名贵族发生了争吵，埋下了悲剧的种子，因为不久后争吵又一次爆发，两人于是决定决斗。第谷不幸在决斗中被斩掉了鼻梁，只好用金属做了一个假鼻子来遮丑。

第谷眼力好，长于观测；开普勒眼力不好，却长于理论分析。

第谷渴望开普勒能够帮助自己弄出什么原理和规律出来。可是，与开普勒密切合作一年之后，他就去世了。开普勒与第谷的遗孀和儿子争执了很久，最终还是如愿以偿地利用上了第谷留下的丰富无比的观测资料。

1609 年，开普勒发表可反映单个行星运动规律的行星运动第一定律和第二定律。1619 年，开普勒又发表了反映各行星运动之间的关系的第三定律。

第一定律又称轨道定律：所有行星运动的轨道都是椭圆，太阳处在椭圆的一个焦点上。

第二定律又称面积定律：由行星到太阳的一条连线即矢径在相同时间内扫过的面积相等。

第三定律又称和谐定律：行星绕太阳转动一周的时间的平方，正比于它们与太阳平均距离的立方。

通过第二定律，以日地距离即一个天文单位出发，可以推算任何一个行星的距离，从而推算宇宙的大小。

开普勒也有极深的音乐素养，他坚信："天体运动不是别的，不过是几种声音汇成一种连续的音乐。这种音乐只能为心智所领悟，不能被人耳所听见。""天体的运动只不过是一首带有不谐和音的（理智上的，而不是听觉上的）永恒的复调音乐。"

开普勒将行星运动规律详细表达在《世界的和谐》这部书里。该书共有 10 个篇章，其中 4 个篇章名就直接和音乐有关。他还将水星运动的声音比拟为女高音，火星比拟为男高音，地球和金星比拟为女低音，土星和木星比拟为男低音。

开普勒的科学事业如日中天般地辉煌，但他的生活状况一直非常惨淡。

虽然名为德国皇帝的宫廷天文学家，但长达 20 年，他都拿不到薪水。

开普勒还要养育自己的 12 个孩子，他的两任妻子都先于他而病逝。生计是那样的艰难，以至于他不得不靠利用星占学算命挣钱来养家糊口。

1630 年秋天，开普勒到达了雷根斯堡，向帝国议会讨要薪水。但他很快就病倒了，最后在 11 月 15 日撒手人寰。他被埋在城边的墓地中，后来连这块墓地都不知所踪。

Part 3

拜罗伊特

.10.
夺人眼目的彩色伯爵歌剧院

拜罗伊特位于纽伦堡东北方向，在纽伦堡火车总站有很多班次前往拜罗伊特的列车，车程大约是 50 分钟。

从 19 世纪后 30 年开始，拜罗伊特成为全世界瞩目的古典音乐圣地。

而在成为这块圣地之前，它早就成为霍亨索伦家族攀登普鲁士和德意志统治阶层顶端的一个长途中继站。

根据主流的研究结果，霍亨索伦家族最早的源头可以追溯到弗里德里希·冯·索伦伯爵，他在公元 1100 年因为领有索伦堡而受封。

在德意志的权力等级中，从国王到骑士，构成了统治阶层。

“国王”的德语含义是“来自高贵血统的男人”。可以参加国王选举的人数在 12 世纪达到 100~200 人。

选侯在早期是由部落分支的首领或公爵选举产生。“公爵”的德语含义是“军队首领”。到 10 世纪，德意志形成萨克森、施瓦本、巴伐利亚、法兰克尼亚、洛林五大公爵领地。洛林最后大部分归属了法国；施瓦本和法兰克尼亚公爵领地逐步消失；萨克森和巴伐利亚则升格为王国。

“侯爵”在德语中的本义是“最前面的”“最高贵的”，又有“统治者”的含义。12 世纪时曾作为国王之下的最高等级。

伯爵的词源是“书写”之意。最初可能由皇帝的秘书演变而来，逐步被任命为治理地方的大臣。

男爵的字面意思就是“自由人”，是帝国的直接封臣。

骑士是最低级的贵族等级。一般拥有小块土地作为封邑，依附于大领主。

索伦家族的领地最初是在德国西南部的内卡河、施瓦本－阿尔勃和上多瑙河之间。到了 14 世纪中叶，该家族以“霍亨”（“高贵的”）字样加在“索伦”之前，从此称为霍亨索伦家族。

索伦伯爵 1188 年娶纽伦堡贵族的女儿为妻。当岳父去世之后，索伦伯爵自然就继承了他所有的领地和头衔。

索伦伯爵的下一代把这些领地瓜分，形成两个霍亨索伦家系：一个是在北方信奉新教的法兰克尼亚系，另一个是在南方祖先的城堡区域信奉天主教的施瓦本系。

法兰克尼亚系承袭了纽伦堡伯爵一职，并在 1322 年成为帝国诸侯，同时领有安斯巴赫－拜罗伊特马克伯爵领地。

1412 年，纽伦堡伯爵弗里德里希六世奉德意志国王西吉斯蒙德之命，去到了当时尚处于无政府状态的勃兰登堡马克。“马克”原为日耳曼人的农村组织，后来用来指称德意志帝国的边区领地。勃兰登堡马克就处在神圣罗马帝国的东北边境地区，位于奥得河与易北河之间，当时是多沼泽、多沙石的贫瘠之地，常被蔑视者称为“神圣罗马帝国的沙石罐头”。

到了 1735 年，拜罗伊特终于从已经占据了普鲁士国王位的霍亨索伦家族那里迎来了一个可喜的回报：腓特烈大王的姐姐威廉明娜被嫁给了这里的总督弗里德里希。

弗里德里希趣味平淡，但威廉明娜却是品味高雅，而且很喜欢英国的文化。她广邀欧洲顶级的文学家和艺术家们来到拜罗伊特，并一步步地改造拜罗伊特的城市和建筑景观。

威廉明娜和弗里德里希在 1753 年搬到了新宫殿。这个宫殿今天的参观门票是 5.5 欧元。

新宫殿的建造时间只用了两年，外部面貌并不显山露水，内部的设计和装修却将洛可可风格发挥到了极致，其中收藏了很多 18 世纪出产的拜罗伊特瓷器。

新宫殿里的雪松房间是每年瓦格纳音乐节的VIP开幕式举办地。而碎镜之屋的墙壁上不规则地镶嵌了很多镜子的碎片，据推测，其用意在表达威廉明娜内心的空虚感。

正因为威廉明娜的原因，才能够在拜罗伊特这样的小地方出现边疆侯爵歌剧院，在1871年之前，它一直享有德国最大歌剧院的盛名。

歌剧院的设计由来自意大利博洛尼亚的著名建筑师朱塞佩·加利·比比埃纳操刀，风格是巴洛克式，其内部装饰极为奢华，四处都为浮雕所贴满，一些柱子或是镀金的，或是镶嵌大理石的。

伟大的音乐家瓦格纳在《布罗克豪斯百科全书》读到有关拜罗伊特边疆伯爵歌剧院的词条，于1871年4月造访了拜罗伊特。但他认为这个剧院过于奇特和华丽，并不适合上演自己那些严肃的歌剧，因而仅仅利用它进行过一场演出。

今天，彩色伯爵歌剧院经过旷日持久的改造，再次对公众开放，门票是2.5欧元。

拜罗伊特一个停车场的出入口

.11.

古典音乐圣地的拜罗伊特节日剧院

站在拜罗伊特火车站的月台上，就能看见大约 1 公里以外的拜罗伊特节日剧院，剧院建筑的颜色采用了黄色系，在绿丘上显得非常醒目。

从火车站前往剧院的大街以“齐格弗里德·瓦格纳”命名。

齐格弗里德·瓦格纳是瓦格纳和柯西玛的儿子，1930 年 8 月 4 日死于拜罗伊特音乐节的一次排练。

瓦格纳和柯西玛 1870 年结婚。他们的女儿伊索尔德、爱娃和儿子齐格弗里德分别于 1865 年、1867 年和 1869 年出世，他们的名字分别纪念着瓦格纳乐剧《特里斯坦和伊索尔德》《纽伦堡的工匠歌手》《尼伯龙根的指环》中的主人公。

伊索尔德出生的时候，柯西玛仍然与彪罗保持着婚姻关系，瓦格纳家族因而不承认她是继承人之一，柯西玛出面支持了不允许伊索尔德继承瓦格纳遗产的法庭判决。

弗朗茨·李斯特像

柯西玛是伟大的音乐家弗朗茨·李斯特的三个女儿之一，20 岁时嫁给了李斯特的第一高足彪罗。

彪罗 1850 年听了李斯特指挥瓦格纳的《罗恩格林》，当下就拜李斯特为师，不再继续学习法律了，转而专攻指挥和钢琴演奏，并取得了显赫的成就。他还提出过一个著名的“三B”论，就是古典音乐以巴赫、贝多芬和勃拉姆斯（Bach、Beethvon、Brahms）为至高。

彪罗和柯西玛一起生活了12年，直到柯西玛改投瓦格纳的怀中。对此人生变故，彪罗坦然受之，他表白道：“曾经发生的是世界上最自然不过的事情。你知道柯西玛是多么了不起的女人，她那样聪慧，那样有抱负，后者自然遗传自她的父亲。对她来说我实在太渺小了，她需要一个像瓦格纳那样的巨型天才，而他也需要一个像柯西玛那样懂艺术的聪明女人去理解他，给他灵感。他们走到一起是无可避免的。”他曾经还这样说：“若非瓦格纳，换作任何人，我都会杀了他！”

彪罗的后人维克欧·冯·彪罗依然对先辈们在拜罗伊特的事业保持着高度的崇敬之心，他说：“没有拜罗伊特的生活也可以过，但是没有任何意义。”

在抵达节日剧院前，会经过一大片草坪，在右侧的草坪上，树立着瓦格纳的头像雕塑；在左侧的草坪上，树立着柯西玛的头像雕塑，他与她遥相对应。

值得庆幸的是，节日剧院本身在第二次世界大战中几乎没有受到损失。

当年，瓦格纳是出于一项宏大的理想而缔造了拜罗伊特节日剧院的——“我要在全国支持下，创造出某种崭新而自成一格的事物，这座小城也会因此变得举足轻重，成为艺术的华盛顿。”

瓦格纳像

1850年8月28日，李斯特在魏玛指挥的《罗恩格林》首演中虽然广受观众喜爱，却让瓦格纳确信了传统剧院不足以演好他的作品。他首次提出依照自己的设计来建造一座剧场，然后邀请最好的歌手来为他的作品做最佳诠释的构想。

他在1868年写出的《德国艺术与德国

政治》一文中，进一步指出：未来的歌剧院理应成为全德国民教育的焦点和核心。“通过这一建筑，我们传播的仅仅是真实理念的框架，我们要将其传遍全国，最终形成伟大的精神。”

在为“艺术的华盛顿”、德意志的精神食粮和复兴中心选址时，条件是它要位于德国中部，要远离大都市或者疗养区和露天浴场，在“一个美丽的、荒僻的地方，远离我们的城市文明的浓烟和工业排放的难闻气味。”于是，拜罗伊特最终进入了瓦格纳的法眼。

为了建起节日剧院，瓦格纳四处筹资。曾不顾一切地在瓦格纳最困难的时候屡次支持他的巴伐利亚国王路德维希二世，也再次力助了瓦格纳。瓦格纳也曾去找到帝国宰相俾斯麦，不过没有讨到一分钱。

1872 年 5 月 22 日，节日剧院举行了奠基仪式。在拜罗伊特老歌剧院上演了瓦格纳的《皇帝进行曲》和贝多芬的《第九交响曲》。

瓦格纳将节日剧院设在拜罗伊特的一个小丘上，与自然融为一体。他要求剧院的外部和内部设施都完全不同于一种功能性建筑物，外表上是没有艺术性的，“具有一种紧急临时建筑的最单纯的简单性”，不应该使用任何传统的装饰图案。

拜罗伊特节日剧院的具体建造者是奥托·布吕克瓦尔德。

最终建成的节日剧院以古希腊圆形大剧场为样本，建筑材料多采用木头，在节省资金的同时也获得了更好的声音共鸣效果。

当代瓦格纳权威蒂勒曼曾这样表示：“到达拜罗伊特，我第一个要去的地方是乐池。我得去闻闻它的味道，呼吸一下那里的空气：木材的味道，伸手不见五指的漆黑，无数美好（和不那么美好）时刻的辛劳与烦恼，还有对传统的骄傲，以及在某个晚上一切都配合完美时的兴奋感。自 1876 年第一届拜罗伊特音乐节举办以来，在这个‘神秘的深渊’里，已经演奏过 9700 小时的瓦格纳（这个数字只是包括演出，不包括排练），一共超过 400 天的瓦格纳，所有的音乐都安住在乐池的孔隙、纤维和裂缝里，你能感觉到音乐已经浸透到乐池的这些老木头里。”

乐池的总面积是 140 平方米，而按照乐团有 140 人来计算的话，每个乐手及其乐器只能分有 1.129 平方米的面积，空间还是很逼仄的。瓦格纳还开创性地将乐队放到了舞台下面的乐池里，音乐家在舞台下面分坐成 6 排，排除了音乐对视觉的抵消作用，使观众可以不受干扰地直视舞台，乐队声音也无疑带上了一种神秘遥远的感觉。在乐池中，指挥家比乐手坐得高出许多，比世界上任何其他歌剧院高出的都多，像是讲台上的牧师。

舞台前景采用双框架，观众席原来有 1460 个座位，且无靠背，全部座位都在一个倾斜面上，呈现扇形，向宽 33 米的舞台靠拢，每个观众得以以平等的地位投入对戏剧的感受之中，颇有古希腊遗风。观众席左右两壁的直角墙体不断向舞台方向缩进，营造出了“神秘的深渊”的印象，其作用正是“将真实世界和理想世界分割开来，观众会有一种与舞台上时间相距遥远之感，但一切又离得如此近，看得如此清晰，因此，舞台形象有一种北方式的超人般的感觉”。

博学多才的瓦格纳相信世界上不会有任何建筑能够这样创造出美。

1872 年 11 月，瓦格纳与妻子柯西玛开始特别的旅行，到德国和奥地利寻找演员和乐队，他希望音乐家参加演出是出于热爱而不是金钱。至今为止，低于参与者预期的居住条件和参与者放弃享有各种特权的意愿仍然是瓦格纳音乐节理念构成的一部分。

1876 年 8 月 13 日拜罗伊特节日剧院正式开张。剧院屋顶升起了带红色 W 字的白色旗帜。宣布拜罗伊特音乐节演出开始的，不是铃声，而是《汤豪塞》中《入场进行曲》里的号角声。

拜罗伊特节日剧院

来自全球的大约4000名访客，包括60名报社记者，挤进了这个小城。出席者当中有德国皇帝、巴西皇帝和皇后、巴伐利亚国王、普鲁士的乔治亲王、霍亨索伦王室的一位亲王、黑森的威廉王子、梅克伦堡的大公、安哈尔特－德绍的公爵等。

威廉一世皇帝在5年前刚完成了德国统一大业，这次参加了第一循环的演出，他一见到瓦格纳就说："我当初不敢相信你能做到这一点，现在阳光照耀在你的作品上。"而瓦格纳后来自豪地称它是"第一次皇帝与王公迁就艺术家"。

拜罗伊特很快就成为传播德意志意识形态的"民族舞台""日耳曼的英灵殿"和"雅利安人的堡垒"。1909年的拜罗伊特音乐节说明册公然写道："拜罗伊特的群体是在这样一个阵营中聚集起来的。在这个阵营中，所有的人都感到：自己是个坚定的德国人！"维也纳大学学者利奥波德·冯·斯克勒德在1911年发表的《拜罗伊特雅利安神话的实现》中说："在经历了五千多年的分离之后，雅利安部落第一次能够聚集在一块指定的地方，以崭新的形式去完成古代的传说，瓦格纳的努力使拜罗伊特成为所有雅利安人向往的中心，这正是德意志和所有德国人令人震惊的优越性的保证。"

拜罗伊特音乐节开办至今，其程序基本固定化了。一般从每年6月底开始，由于要保证那些过于耗费体力和精力的演奏家、歌唱家和指挥家在演出当中有必要的休息时间，整个演出时间将持续一个月。演出的剧目总共七出，其中雷打不动的是《尼伯龙根的指环》和《帕西法尔》，另外再根据每年的情况加演其他一两部剧目。音乐节不允许任何歌手谢幕，因为他们站在幕前谢幕可能会破坏演出的整体性或连贯性。

拜罗伊特音乐节开办以后，每一届参与其中的所有人，无论是导演、歌唱家、指挥家还是一般观众，都为自己感到荣幸和自豪。一种朝圣的虔诚感和狂热的奉献精神弥漫了这个小城。

节日剧院的参观门票是7欧元。

在连接舞台和餐厅区大约20米长的半地下走廊，可以看见一条画廊：

墙上挂着73位曾在节日剧院指挥过的人的肖像，从1876年的里希特到2012年首次登台的菲利普·约丹。这是沃尔夫冈·瓦格纳在20世纪70年代订的规矩。沃尔夫冈·瓦格纳是齐格弗里德·瓦格纳的儿子。

.12.

瓦格纳的瓦温弗里德别墅

瓦格纳的瓦温弗里德别墅位于理查德·瓦格纳大街的东端。从火车站出来往东南方向走，步行大约 20 分钟。别墅及一些新增的展览空间一起构成瓦格纳纪念馆，门票是 8 欧元。

1945 年 4 月 14 日，一支美国军队在隆隆的坦克声中占领了这座城市。在那之前，节日剧院的大门被冲开了，演出服装被人盗走，有数公里长的德国难民们都穿着这样或那样的瓦格纳歌剧中的戏服。瓦温弗里德别墅更是遭到了严重毁坏，好在瓦格纳的儿媳温妮弗莱德在拜罗伊特陷入混乱之前把一些贵重的物品和瓦格纳的图书、绘画等资料放在了一个安全的地方。

为了迎接瓦格纳 200 周年诞辰，瓦温弗里德别墅曾关门整饰。德国也在 2013 年专门发行了瓦格纳诞辰 200 周年纪念金币和银币，两种纪念币的正面都是瓦格纳的头像，背面是拜罗伊特节日剧院的图像。

建造别墅用时两年，瓦格纳一家在 1874 年入驻。路德维希二世曾额外给了瓦格纳一笔 25000 塔勒的赠礼，保证瓦格纳别墅能够竣工。所以在别墅前面特地树立了一尊小型的路德维希二世胸像雕塑。

别墅入口处有铭文，上面写着瓦格纳的话："在这里，我的幻觉归于宁静，所以我将这座房子称作瓦温弗里德。"

前厅较为高大，上层环廊尽是描绘尼伯龙根故事的镀金装饰，厅内摆放了 10 座汉白玉雕塑。有 4 座分别是瓦格纳、柯西玛、路德维希二世、

瓦温弗里德别墅外景

李斯特的头像。有 6 座分别是瓦格纳乐剧中的男主人公的全身塑像，都有半米高，他们是《罗恩格林》中的罗恩格林、《帕西法尔》中的帕西法尔、《纽伦堡的工匠歌手》中的萨克斯、《特里斯坦与伊索尔德》中的特里斯坦、《尼伯龙根的指环》中的齐格弗里德、《汤豪塞》中的汤豪塞。

瓦格纳曾说自己“只有在生活得像一个君主的时候”才能进行创作，别墅的内部空间基本呈现了当时的繁复和奢华。沿着各个房间展开的图片展览也较为详尽地介绍了瓦格纳的生平。

齐格弗里德·瓦格纳居住的房子另起一栋，就紧挨着别墅。

瓦格纳的家庭充满了国际性元素。

柯西玛是李斯特与法国作家玛丽·达古女伯爵的三个私生女之一。她从小受尽贵族血统的教育，学习科目从音乐和现代语言，到言谈举止和其他社交礼仪，样样俱全。最终长成一位心思严肃、意志坚定的年轻女性，足以承担自己所选择的角色——一位天才的助手与保护者。

柯西玛比瓦格纳年轻 24 岁，身高是 1.81 米，比 1.66 米的瓦格纳还要高 15 厘米。但这些太明显的差距都无法阻拦她对瓦格纳的热爱。

当瓦格纳说他需要“一个下定决心要将自己奉献给我的女人”，她“必须抛弃和我的生活与工作无关的所有人际关系”的时候，柯西玛则说她“只有一个愿望，就是去奉献”。

每一次看了《罗恩格林》的演出，柯西玛都会激动得热泪盈眶。柯西玛在日记里写下她对瓦格纳的热爱：“正是他的艺术揭示了占据着我的信仰的秘密，我灵魂中无声的热情在为之歌唱——噢，多么快乐、多么崇高！”在 1873 年 9 月 10 日的日记中，她将理查·瓦格纳称作“德国精神的救世主”。

瓦格纳和柯西玛的女儿爱娃在 1908 年被英国人张伯伦娶了。这个英国人的“德意志意识”比绝大多数德国人还要强大和猛烈。他在首次访问拜罗伊特之后，就视瓦格纳为自己“生命之中的太阳”。他和德国皇帝威廉二世的关系也是如胶似漆。德皇将张伯伦视为上帝派来的帮助挽救德国人民和日耳曼民族的帮手，而张伯伦希望德皇创建一个有种族意识的、目的明确的、中央集权的德国，它要去统治全世界。

1915 年夏天，另一个瓦格纳的崇拜者、英国人温妮弗蕾德嫁给了齐格弗里德。她为瓦格纳家族生下维兰德、弗里德林德、沃尔夫冈和弗尔伦娜，并使瓦格纳事业之船有了更加澎湃的动力，扯起了一张更加阔大的风帆。

温妮弗蕾德 1897 年夏天生于英国海滨城市黑斯廷斯，1980 年 3 月 5 日才去世。她的父母亲在她才两岁的时候就先后离开了人间。温妮弗蕾德只能在亲戚处东一家西一家地转，一度还住进了“狄更斯之家”孤儿院。

温妮弗蕾德 17 岁时去聆听了一战前举办的最后一次瓦格纳音乐节，瓦格纳的儿子齐格弗里德在音乐节上导演并指挥了《漂泊的荷兰人》。就在那时候，温妮弗蕾德爱上了这位已经 45 岁的男人，并在 1915 年 7 月 7 日成婚。

1930 年，92 岁的柯西玛去世。同年 8 月，61 岁的齐格弗里德因劳累导致心脏病而去世，33 岁的温妮弗蕾德依遗嘱成为全部遗产的第一继承人，她成了节日剧院的新主人。

瓦格纳和柯西玛的墓地就位于别墅后面的小花园中。样式简朴至极，只是在地面上隆起一个半米高的梯形状而已，面上的青灰色大理石不着一字。

瓦格纳是 1883 年因为心脏病而死的。他的遗体由威尼斯辗转运回德国。路德维希二世命令一周内幕尼黑城内所有的钢琴都要蒙上黑纱，并在他位于巴伐利亚南部菲森的童话般的新天鹅堡中永久为瓦格纳修建一处演出歌剧的大厅。慕尼黑车站上，数千名崇拜者手持火炬等着他，当列车开出车站，数百面吊旗垂下，《众神的黄昏》中的葬礼进行曲缓缓响起。列车抵达拜罗伊特，整个车站为哀哭声所淹没。家家户户挂上了黑色吊旗，连街灯也被包上了布。

纪念馆新增的空间分为三个部分。其一是商品销售区，其中有大量有关瓦格纳其人其乐的图书和视听资料。其二是图文展览区，主题是有关齐格弗里德・瓦格纳的。其三是实物展览区，专门展出在过去的时代里瓦格纳乐剧演出用过的戏服和缩微的乐剧舞美场景，还有一个小空间用于播放瓦格纳乐剧音乐，并特别设计了一个台面，激光投影机将相应的管弦乐总谱投射到台面上，与音乐进行同步移动，让具有相当乐理素养的人能更好地理解其中的奥妙。

.13.

鼓舞爱乐之人的让·保尔

拜罗伊特也是德国著名文学家让·保尔酷爱的地方。他从1805年开始定居拜罗伊特，直到20年后去世。他很喜欢养狗，常常在老城墙旁边的花园喷泉给他的贵宾犬和波美拉尼亚警犬洗澡。

拜罗伊特有一个广场以“让·保尔”命名，还坐落了一座慕尼黑雕刻家泰勒设计的让·保尔纪念碑。

拜罗伊特也设立了一个让·保尔博物馆。从瓦温弗里德别墅走过去，只要3分钟，门票是2欧元。

让·保尔出身贫寒，但非常热爱写作，最后靠写作跨进了上流阶层。他在1798年到魏玛结识了歌德、席勒和著名思想家赫尔德，并与赫尔德结下了深情厚谊，不过歌德和席勒却对他持保留态度，尽管他当时在小说创作方面的声誉使他比歌德、席勒更吸引大众的眼线。

让·保尔像

海涅对让·保尔的感受非常独特——“没有一个德国作家有他那么丰富的思想和感情，但是他从来不让它们成熟起来，他那些丰富的思想和感情更多地是使我们感到惊愕，而不是使我们感到舒畅。如果他能让他的思想和感情正常地扎根，长全枝条、树叶，开出花朵，它们就会长成参天的大树，但是，当它们几乎还没有长出小小的幼苗，甚至还只是光溜溜的嫩芽时，他就将它们拔出来。”

让·保尔很早就注意到了叔本华，他感到叔本华写的是“一种哲学的多方面的著作，充满天才和聪慧，但是有无底的深沉，像一个不见天日的挪威湖泽，被突出悬崖上原有的堡垒遮蔽，只有星光的深夜反映它的深沉，在它的面上，没有鸟飞，也没有浪涌。”

让·保尔的作品语言优美，文笔独特，叙事一波三折。《看不见的包厢》《少不更事的岁月》《泰坦》等受到普遍的欢迎。

马勒的《第一交响曲》别名“泰坦”，就是有感于让·保尔的同名小说而写的，因为他在其中创造了一个德国浪漫主义文学的重要形象。

舒曼对让·保尔更是迷醉不已。他说：“如果全世界都来读让·保尔，它一定会变得更好，但是更不快乐——他常常让我几近疯狂。”

让·保尔还写有《美学入门》这样一本美学著作。

让·保尔是一个极端的爱乐之人，他对音乐的理解和赞誉尤其不凡，鼓舞了一代又一代的爱乐之人。他这样写道：“哦，音乐！来自遥远的和谐世界的回响！天使在我们心中的叹息！如果语词是无声的，只是拥抱，只是眼神，只是哭泣，如果我们的那些位于肋骨之后的沉默的心是孤独的，噢，那只有你，沉默的心才以此能在它们的牢笼里相互呼唤，它们那遥远的叹息才能在它们的荒原上和谐一致。”“生命可以在我们身后枯萎凋谢，我们神圣的过去可以灰飞烟灭，但有一样东西是不朽的，那就是音乐！”

Part 4
纽伦堡

.14.

最德意志的纽伦堡

纽伦堡曾被赞誉为“所有德意志城市中最德意志的城市”。

马丁·路德曾给予纽伦堡至高无上的评价——“纽伦堡之于德意志，犹如太阳之于星月。”

几百年前的一个威尼斯人曾说：纽伦堡是德国唯一一个还有一只眼睛的城市，而其他城市全都是瞎子。

根据最古老的文件记载，纽伦堡城创建于 1050 年 7 月 16 日。皇帝海因里希三世将它作为自己在波希米亚作战的根据地。

2019 年的纽伦堡老城一景

海因里希三世首先在佩格尼茨河以北的高地上建起了一座城堡，而后将在城堡下展开的新住宅区分别命名为岩堡、诺林堡和纽伦堡。围绕着河北的圣塞巴尔德教堂建起的市区即圣塞巴尔德区，围绕着河南的圣洛伦茨教堂建起的市区即圣洛伦茨区。

当时的帝国前往东方的商路都得经过纽伦堡，纽伦堡得以迅速发展为重要的贸易中心。

弗里德里希二世在1219年准许它成为帝国的自由城市，迟至1860年，它才被巴伐利亚王国吞并。

纽伦堡有大小两个市徽。大市徽的图案蓝底盾徽，金色的人头鹰身，一个少女头戴三叶王冠。这个图案自1240年开始作为印章图案使用，象征纽伦堡开始拥有帝国自由城市的地位。小市徽一半是金底黑鹰纹章，一半是红白斜条纹。这个纹章可以追溯到13世纪。鹰象征德意志王国，红白斜条纹是13世纪纽伦堡伯爵的纹章。

自从神圣罗马帝国皇帝查理四世在14世纪中叶颁布黄金诏书之后，一直到16世纪，纽伦堡都是帝国三大首都之一。当时的惯例是：在法兰克福选举皇帝，在亚琛为皇帝加冕，而在纽伦堡举行登基后的首次帝国议会。

从1423年起，帝国的珍宝都保存在纽伦堡，包括皇冠、宝剑、王权宝球、刺过耶稣肋部的长矛等，只有举行加冕庆典时才拿出来使用。它们原先被放在波西米亚的卡尔施泰因城堡，皇帝西吉斯蒙德担心胡斯战争对它们造成危害，将它们永久性地交给纽伦堡保管。1796年为躲避拿破仑的掠夺，它们又被送到维也纳。

1487年，塞尔迪斯在纽伦堡获得诗人桂冠，丢勒后来还为他的作品创作了木版画。塞尔迪斯在《纽伦堡颂词》中写道：在花园，“甚至最轻柔的微风也能将花儿的芳香吹送到沉睡中的房屋。”

德国浪漫主义鼻祖瓦肯罗德1793年夏天与后来被称为“德意志三雄”的蒂克一起漫游了纽伦堡，他认为纽伦堡不只是艺术盛世的客观见证，还是一种建立在“德意志民族内在性”基础上的艺术象征。

瓦肯罗德对纽伦堡赞不绝口——“纽伦堡！你这个昔日的世界名城！我是多么欢快地畅游了你曲折的街巷，我是怀着怎样天真的热爱观看了你祖辈流传的古老房屋和教堂！——在那里，处处都有我们古老祖国的不朽艺术的痕迹！我是多么由衷地热爱那个时代的造型艺术，它们叙说着一种古朴的、雄浑有力的真言！它们是怎样强烈地将我吸引到古老的世纪里，那时的你，纽伦堡，曾是祖国艺术活跃的地方和人才济济的学校，一派汹涌澎湃的艺术精神曾诞生并游荡在你的城墙之内，带来了累累硕果。”

著名的浪漫主义诗人艾兴多夫在 1815 年写作了《德意志的城市》，其中也写道：“如果一个人 / 想认识德意志和热爱德意志，/ 人们将向他说起纽伦堡，/ 它充满了珍贵的艺术。/ 这座永不过时的，/ 这座忠诚、勤劳的城市，/ 有丢勒的艺术，/ 萨克斯曾在此歌唱。”

也许，在历史名人当中，只有莫扎特对纽伦堡的印象不好，他视之为“一座丑陋的城市”。

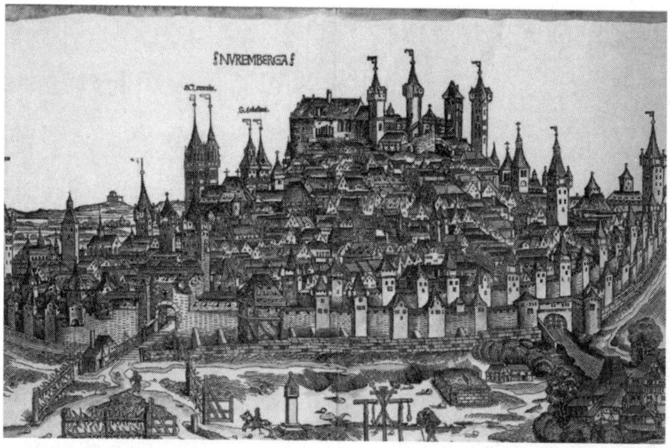

在舍德尔的世界编年史中出现的 1500 年的纽伦堡图

.15.

经典的纽伦堡地标建筑

好几个纽伦堡的地标建筑出现在《意志的胜利》这部纪录片中。今日再在纽伦堡看见它们，其实都是被毁坏后按照旧式样重建起来的。

最先出现在影片中的，是庞然的双塔制式的圣洛伦茨教堂。非常奇诡的是，它在二战的战火中几乎保存了完身。

圣洛伦茨教堂建于 1260 年，其晚期哥特式大厅的兴建则完成于 1477 年。在西边的外墙上，石质玫瑰花窗的直径是 10 米。特别有意味的是，玫瑰园窗的 8 根轴线并没有按规则的水平或垂直方向排列，从而造成一种静中求动的转轮般的视觉效果。

左侧通道上的神龛高达约 19 米，是 15 世纪的亚当・克拉夫特设计建造的，其线状雕纹一直蜿蜒到教堂的拱形天花板上。克拉夫特甚至将自己和自己的两个学徒的单膝下跪着的雕像放在了神龛的最底层，以能够成为一个力所能及的担负者而自豪。

高悬在教堂主祭坛上方的木雕《受胎告知》是威特・斯托斯在 70 岁时创作的。

斯托斯在 1486 年从今日位于波兰的克拉科夫来到纽伦堡，在那之前，他已经在教堂美术事业方面声名大噪，不过来到纽伦堡后却走了一段弯路。因为从事投机金钱交易受损，他竟然去仿造债券，结果双颊被烙下了印子。最后，马克西米利安皇帝为他恢复了名誉。

经历过大起大落和大荣大辱之后，斯托斯寂然清澄，为当世和后世创造出了一件不朽的木雕。

木雕上的主要人物是圣玛利亚和大天使加百列，两者的尺度都超过了真人的大小，而且情节刻画非常具体而生动：圣玛利亚听到惊人的消息之后，惊讶得用手遮住了嘴，连手里的书也掉下来了。圣母和天使像被一个由55朵玫瑰花团成的花环所环绕；花环上还有7个小的圆雕，继续诉说着有关的宗教故事，最下端那个圆雕就雕刻了被亚当和夏娃咬过的苹果。

圣洛伦茨教堂的教堂之钟也很有特点，还专门录制了唱片来售卖。

拿骚尔房屋就建在圣洛伦茨教堂西边大约60米处，是目前市内保存最为完整的中世纪塔房。它最下面的两层楼早在13世纪就建好了，上面的楼层和祈祷室小凸肚窗及有八边小角塔的稚堞顶层则是在15世纪初期才加建的。有一段时间里，这座塔房用于保管西吉斯蒙德皇帝的冠冕，所以它的石栏杆上才能雕饰皇帝、教皇、选帝侯以及帝国直辖城市的纹章。

在圣洛伦茨教堂所在的圣洛伦茨广场，竖立着代表信仰、仁爱、希望、勇敢、坚强、耐心和正义这七项美德的道德喷泉。它是用青铜材料铸成的，呈八面形。贝克迪克特·维泽尔保尔在1589年建造它时，在第二层安排了六名正在合奏乐器的小天使，而从他们手中的长号和另一层女性塑像的胸部都有水汩汩流出。

圣洛伦茨教堂外观

与圣洛伦茨教堂的命运决然相反，位于旧市政厅西边的圣塞巴尔德教堂却在二战末期被炸得体无完肤。今日，其外观完整如新，而内部景象依然给人惨不忍睹的感觉，部分墙面破损未修，很多曾有宗教用品摆设的地方或宗教美术物占据的空间都空空如也。堂内还专门布置了展览，详细呈现圣塞巴尔德教堂在二战中的受损惨状，并祈求各界人士对持续的复建予以捐助。

圣塞巴尔德教堂是纽伦堡最老的教堂，建造时间比圣洛伦茨教堂还要早 30 年。其体量略逊于圣洛伦茨教堂，但在纽伦堡城内算得上第二高大的教堂。它先是后罗马风格，后来在扩建过程中先后改变为哥特式和巴洛克式。

塞巴尔德可谓是纽伦堡城市的守护人和商人的保佑者，他的墓就位于圣塞巴尔德教堂内。据说他是一个可以治疗百病的神父，曾参与旨在将教堂从对贵族的依赖中解脱出来的虔敬运动，也曾在森林里过着隐居生活，大约在 11 世纪中期去世。当他不在人间之后，有关他的传说就更加神乎其神，如当有人出于吝啬而藏起木材的时候，他就用冰柱生火；当农民养的牛逃跑了，他就将农民的双手照亮直到牛被农民找回。1397 年，塞巴尔德的遗骸被保存到银龛内，到了 1425 年，塞巴尔德被教皇马丁五世封圣，前来圣塞巴尔德教堂朝圣的人流更加汹涌。

纽伦堡圣母教堂

圣母教堂在《意志的胜利》中出境率极高，因为当时的阅兵式检阅台就搭建在它前面的中心广场上，于是，它成了一个怎么也躲不过去的背景。

要拍一张前景整洁乃至空旷的圣母教堂的照片并不容

易，因为它前面的中心广场也是一个露天市场之所在，平时都挤满了售卖鲜花、食品、果蔬的摊位。

每年 11 月末到圣诞节期间，纽伦堡的这个市场成为德国最有名的圣诞市场。售货摊的顶棚都是统一的红白色，专此而来的游客多达上百万，纽伦堡的德式姜饼和煎香肠是最畅销的食物。

只有等到星期天或某些节假日的时候，德国人都规规矩矩地不上班也不加班的时候，才能拍到圣母教堂从顶到脚的全景照片。对这样一个时机的把握，在每一个德国的教堂都适用。

圣母教堂建于 1355 年，大厅空间几乎是正方形，在教堂建筑艺术上登上了 14 世纪的峰顶。值得留意的是，在圣坛地面上装饰了一颗大卫之星，因为纽伦堡在 1349 年发生过屠杀 500 多个犹太人的暴行，圣母教堂就是建立在一座被摧毁了的犹太教堂的墙基之上的。

圣母教堂正面的音乐玩偶钟每天中午 12 点都会奏起管钟钟乐，在钟下的几个木偶表演的是卡尔四世皇帝正在接受 7 个选帝侯偶像的问候。

19 米高的美丽喷泉位于中心广场的西北角，其造型类似哥特式教堂的一个塔尖顶。喷泉的蓄水层是矩形的，而后经过渐次缩小的三层而到达锥形十字的顶端。

共有 40 尊塑像占据在不同的层面，共同代表了罗马帝国的世界观。最底层塑的是哲学家和自由艺术家，其上层是福音作者和教父，再上一层是 7 位选帝侯和教父及 9 位英雄，最上层则是摩西和七位先知。

在美丽喷泉护栏的南边有一个可以转动的环圈，据说转动它会带来如子孙满堂之类的好运气，因此从邻近的市政厅办完结婚登记手续的新娘新郎们都特别喜欢过来转动它。

纽伦堡老城是一个迄今还有完整的围墙围住的区域，虽然这些城墙大多是后来按照旧模式新修起来的，但它的城墙史要从 1346 年算起。

从火车总站出来，就几乎正对着城墙体系中的国王门，国王门一带的工匠市场试图重现纽伦堡昔日的手工艺区。

几乎就在这个被围墙围住的老城区的东西向中线位置，佩格尼茨河缓缓流过，这条河在《意志的胜利》中也多次出现。

有很多座桥贯通佩格尼茨河的南北两岸，其中的链吊木桥建于 1824 年，曾经是德国最早的悬空挂链的过河桥，今天它得到妥善的修复，人一走上去，它就能出现原始自由摆动。

沿着佩格尼茨河漫游，是完整领略纽伦堡韵致的必要条件。

纽伦堡城市建筑师图赫尔在 1464 年至 1467 年间就对该市卫生设施的维修布局情况做了记载。这些卫生设施中既有清理污水的沟渠，还另有清理粪便的沟渠。他绘制了整个城市用石子构筑的污水沟渠分布图，它们的布局都很讲究，有条不紊，秩序井然，每一条沟渠都挨家挨户，从邻舍间的地基结合部穿过。

在粪便排污方面，图赫尔受市政部门委托，设计出一种独特的粪便清理系统，即这套系统在地上开挖，挖出沟渠后，上面再用一块块石板盖严，所有的粪便通过沟渠系统汇入到城市的公共粪池内，然后由专人负责掏出，再倾倒进流经市区的佩格尼茨河中。

今日漫游佩格尼茨河的途中，有三处极为出彩：一处是在河流进入纽伦堡大学校区的那一段，从那里往东望去，地势陡然有所增高的东部城墙及其后面的建筑合成一幅颇为壮丽的图景；一处是在靠近西部城墙的链吊木桥那一段，从那里往东望去，以圣洛伦茨教堂为首的建筑群与河流和马克斯桥一起合成的图景却显得无比柔美；一处是在河流中段博物馆桥那一点，从那里向东望去，1331 年就有的圣灵养老院的桥拱形底层及其上部分宛如一个潜泳者将头顶与眼部露出了水面，紧挨在它南侧的绿树长得比它还高，在水面上留下暗绿色的倒影。

纽伦堡歌剧院就在火车总站西边 500 米处，前面一个小广场以瓦格纳冠名，并立有一尊小型的瓦格纳雕像。它建于 20 世纪初，采用了当时先进的钢筋骨架和最新的舞台技术，外面却还是用砂岩装饰，外墙和正门上方的雕像是有关北欧神话的，山墙上屹立的是虚构的纽伦堡女神洛丽斯。在剧院内收藏和展出了很多在 19 世纪末和 20 世纪初引领艺术时尚的青春风格的作品。

.16.

辉煌不再的帝王堡

纽伦堡老城的地势是东高西低和北高南低。在北部最高处，正是帝王堡之所在，其最高的辛魏尔塔是观赏纽伦堡全景的绝佳之处。

皇帝卡尔四世从 1347 年到 1378 年在位，他一共造访过纽伦堡 45 次。

1356 年，在纽伦堡举行的朝政会议上，卡尔四世为了谋求诸侯对其子继承王位的承认，下达了改变神圣罗马帝国皇帝选举制度的《黄金诏书》。《黄金诏书》的得名是因为诏书上盖有黄金印玺。

《黄金诏书》除序言外，共 31 章。主要的内容是确定皇帝选举法和规定诸侯权限等。

《黄金诏书》规定：皇帝由当时权势最大的 7 个选帝侯选举产生。选帝侯的数量之所以是 7 个，是以反对俗世的七宗罪为宗教依据的。

这 7 个选帝侯分别是 3 个圣职选帝侯和 4 个世俗选帝侯。

3 个圣职选帝侯是：德意志大主教驻地美因茨的美因茨大主教、高卢和勃艮第大主教驻地特里尔的特里尔大主教、意大利大主教驻地科隆的科隆大主教。

其中美因茨大主教最为重要，因为美因茨是除罗马之外唯一可以称为“圣座”的城市。美因茨大主教还是罗马帝国的首席大臣，担负众多关键机构的管理职责。

4 位世俗选帝侯是：波西米亚国王、莱茵—普法尔茨伯爵、勃兰登堡边地伯爵、萨克森公爵。

从勃兰登堡边地伯爵那条血脉里，后来诞生了普鲁士国王和德国皇帝，但在当时他却是7位选帝侯中实力最弱小的，那时沿莱茵河和多瑙河排开的科隆—法兰克福—慕尼黑—维也纳城市轴心才是真正的德意志权力中心。

《黄金诏书》还规定：选举会议由美因茨大主教召集并主持。帝位的加冕礼放在亚琛举行。世俗选帝侯由长子继承、男性相续，领地不可分割。选帝侯在其领地内政治独立，拥有征税、铸币和开采盐、铁矿等国家主权，以及独立的、不准臣民上诉的最高司法裁判权；未经特别许可，不准城市结盟；不准封臣反抗领主。

《黄金诏书》规定的制度严重地削弱了皇权，加深了德国的政治分裂。在神圣罗马帝国被拿破仑勒令解散之后，选侯权失去了意义。选帝侯在后来的德意志帝国以一种荣誉爵位的形式存在下去，但已与原意相去甚远。

《黄金诏书》下达之后，每一位当选的皇帝都必须在纽伦堡举办其首次朝政会议，而在帝国议会期间，几乎所有与会的君主都住在帝王堡中。可见帝王堡在德国历史中的政治地位曾经达到了何等辉煌的程度。

帝王堡的参观门票是7欧元。从它里面一些凑巧开着的窗户往外拍摄市容，可以获得一些独特的摄影构图。

圆形塔身的辛魏尔塔在12世纪建成，“辛魏尔”的德语意思就是“圆”，它起着眺望、警戒和威慑作用，后来成为军事长官的居所，当皇帝不在时，他要负责保护皇帝的财产和城堡。

在辛魏尔塔左边是方体塔身的海德恩塔，由于附着于它的一些雕刻装饰品在16世纪被视为异教的来源，所以被部分破坏掉了，“海德恩”在德语中的意思就是“异教”。

在皇帝起居室和接见厅，可见到真品的镶板壁饰，以前当皇帝来纽伦堡做客的时候，还常常向市民借用家具。

在妇女的起居室，开设着由日耳曼国家博物馆主办的图片和实物展览，开篇部分主要讲述德国早期的政治历史以及纽伦堡在其中扮演的角色。

.17.
描绘鸟翼如天使翅膀模型的丢勒

丢勒的故居就在帝王堡下，位于老城区西北角上，从城墙体系中的最美的蒂尔格特纳门进入就立马可见。

丢勒从1509年就在这座房屋内起居，共有4层楼的房屋是1420年建成的，带有高砂岩基座、中世纪末期的木桁架和假阳台。

参观故居的门票是5欧元。饶有兴趣的一个项目是：一个演员扮演了丢勒的妻子阿格内斯，穿着中世纪的服装，向参观者以说唱方式介绍艺术家当时的家庭生活。

丢勒生前就被公认为是意大利之外欧洲最著名的画家，到了浪漫主义时期，他的绘画重新受到了极大的肯定，他更获得了德意志民族英雄的地位，被誉为是德国最伟大的美术家。从1815年开始，每年都会举办名为“阿尔布雷希特·丢勒节”的庆祝活动。1840年，在纽伦堡树立的丢勒雕像成为德国为艺术家所设的第一座公共纪念碑。在1928年即丢勒逝世400周年和1971年即丢勒诞辰500周年之际，德国都为他隆重举办了“阿尔布雷希特·丢勒年”的纪念活动。在1971年出版的丢勒作品目录中，收入了丢勒多达上万件以上的作品。

丢勒在1471年5月21日生于纽伦堡，他的父亲也叫阿尔布雷希特·丢勒，丢勒的父母有18个孩子，丢勒排行第三。丢勒的父亲是一位匈牙利籍的金匠，丢勒的母亲芭芭拉·霍尔佩也是一位金匠之女，她与丢勒的父亲结婚时才15岁，而丢勒的父亲当时已经年满40岁。

丢勒的父亲去世两年后，丢勒将清贫的母亲接到了自己的家里。从那时起，他的母亲就整天坐在屋子里，为自己的孩子祈福。丢勒去看望她的时候，她总是说："愿上帝保佑你！"

丢勒在1514年为母亲画了一幅炭笔画，两个月后，她就去世了。在那幅画上，她的大眼睛仍然充满了活力。谈到母亲的去世，丢勒写道："我看到死神夺走了她的生命，我看到她的嘴和眼睛闭上，我看到她在痛苦中离开这个世界。""她死后看起来比活着更加美丽。"

丢勒的妻子也来自一个金匠家庭，这都从一个侧面反映了当时纽伦堡"工匠社会"发达的事实。那时的纽伦堡人口才5万人，却是欧洲商业和文化的重要城市，聚集着各个领域的精英人才。在和美术相关的方面，纽伦堡也是版画印刷的重镇，而丢勒作为自古以来最伟大的版画家，充分利用版画可以多次印刷的优势，积极推广了自己的作品。

丢勒最初也跟随父亲学习了一段时间的金匠工艺，当父亲将自己的当家本领几乎都传授给了儿子的时候，15岁的丢勒却离开了父亲的作坊，到同一条街上找到当地最优秀的画家卡尔·沃格穆特学习绘画。

据说丢勒的学画过程非常感人。他有一幅著名的素描《祈祷》就关联着这样一段故事：和丢勒一起学画的还有一个名叫尼格斯坦的朋友，他俩因家境贫寒无力从师，便决定一边打工一边画画。后来，尼格斯坦感到丢勒的绘画天赋更高，便主动放弃了绘画的理想，每天去拼命打工以供给两人的生活，让丢勒更加专注于绘画。三年的粗活干了下来，尼格斯坦的双手已经变得非常僵硬，指关节变短，指甲板干裂，但他依然无怨无悔。有一天，丢勒从外面回来，看到了尼格斯坦正在为丢勒做着祈祷，不禁感激涕零，即时画下了这幅素描，明示自己要在艺术上成功的决心，并表达了对尼格斯坦的无限敬意。

按照传统习惯，在完成学徒阶段的学习之后，丢勒在1490年开始自己的"漫游岁月"。他用了4年时间，到德国各地和邻近国家旅行，直到父亲在家乡为他找定了媳妇，他才不得不从斯特拉斯堡赶回来成婚。

丢勒的妻子虽然言语琐碎、心术不正、贪欲甚深，但在丈夫面前还能保持谦和应对的态度。丢勒在家只待了几个月，又收拾起行装，从妻子的陪嫁中取出费用，开始了自己的意大利之旅。等到次年春天回到纽伦堡的时候，丢勒就迅速跻身到了一流画家的群体之中。

丢勒曾创作过许多自画像，这在伦勃朗之前的西方美术史上是非常奇特的举动。

最著名的那幅自画像是他1500年绘制的，题名为《穿毛皮领大衣的自画像》，为了将自己的相貌以最理想化方式表现出来，丢勒敢于采用基督像的描绘方式，美术史家认为这是西方美术史上的第一次也是最后一次创举。

丢勒的作品始终透露出一种诱人和惊人的忧郁美。除了波提切利外，当时的意大利美术界还非常少见这种忧郁美。丢勒的名作中就有直接描绘“忧郁”的。

铜版画《忧郁》创作于1514年，现在藏于卡尔斯鲁厄国家艺术馆。丢勒将忧郁画成一个有翼的天使，她头顶的花是一种茄属植物，乃一种在中世纪末期被认为代表孤独的植物。坐在石磨上的小男孩代表7种文艺的基本规则，天平代表辩论，写满数字的方格代表数学，球体代表天文学，圆规代表几何。彗星和彩虹代表了土星，因为在占星术上忧郁被认为受土星主导，土星可以产生人在追寻伟大事业的过程中需要的忧郁，也会让人变得悲伤和恐惧。蝙蝠是符合忧郁体液的动物，它在画中代表了忧郁的消极影响，而正在书写的丘比特代表了忧郁的积极影响。画在墙上的文字也是缓解忧郁的一种方法。

丢勒的创作态度是异常严谨的，甚至到了某种庄重的程度。在选择画板和画布时，他总是非常细致，总是使用最好的颜料。他创作的每一步都力求精细，就像他在一幅祭坛画上的题字所说的：“要让它们保存500年之后仍是这个样子。”

像同时代的其他艺术家一样，丢勒的大部分创作素材也取自宗教。在他未完成的《论绘画》序言中，丢勒写道：“绘画艺术主要用于服务教堂，表现受难的基督，以及人类找到惩罚而死后的形象。”

维也纳艺术史博物馆收藏了丢勒的宗教画名作《圣三位一体的朝拜》，皇帝鲁道夫二世1585年将它购进。

这件宽 135 厘米、高 123.4 厘米的单幅祭坛画是纽伦堡金属商人马泰斯·兰道尔委托丢勒创作的。兰道尔在 1501 年为 12 名处于困难中的老工匠修建了一座避难所。

画面分为了上下两大部分。在上部，钉在十字架上的耶稣被一团白云托起，圣父则在上张开双臂，支撑着十字架的横梁，众多的天使使力帮着圣父稳住十字架，鸽子翱翔在画面的正上端；在耶稣的两边，聚集着有幸位居天堂的众多圣人，左边的殉道者由圣母玛利亚带领，右边是《旧约》中的摩西、大卫王等先知和国王，由施洗约翰带领，牧师和普通人跟在他们的身后。在下部，是真实的人间世界，兰道尔及其女婿也被画进了画面。最底部绘有宽阔的河流，丢勒自己拿着一块牌子站在河边，牌上写着“圣母产子后的1511年，纽伦堡的阿尔布雷希特·丢勒完成了这幅作品”。

这幅画的金色部分是用真金描绘的。整幅画的气势泱泱，以酒红色和金黄色为主的色调营造出相当辉煌的氛围，而圣母玛利亚和摩西的衣袍以及在十字架上垫着耶稣肉身的衣袍却是藏蓝色的，虽然面积相对很小，却更显得格别。

1498 年，丢勒出版了由 50 幅版画组成的《启示录》，有德语和拉丁语两个版本。丢勒选用的引文出自他的教父可贝尔格 1483 年印刷的第九版德国《圣经》。通过《启示录》组画，既可以欣赏画作，也可以阅读刻在木板背面的《福音书》中的话语。

其中的铜版画《骑士、死神和魔鬼》是尼采特别喜欢的。

丢勒的最后一件名作是名垂青史的《四使徒》，它也标志了丢勒绘画的最高成就。《四使徒》也是丢勒在没有任何人赞助的情况下自己决定创作的，丢勒在 1526 年将它送给了纽伦堡议会，以期这幅画能得到更好的保存。纽伦堡议会接受了他的馈赠，将这幅宏大的、纪念碑似的绘画作为了市政厅的装饰。

该画由两块高 215 厘米、宽 76 厘米的长条画组成。被画在两块画板之上的四个人，是福音书作者约翰、彼得、马可和保罗。在左图中，约翰年轻英俊，穿着浅绿色的上衣，外披红色大氅，正聚精会神地看着手上的

《圣经》，在气质上，丢勒将他处理为乐天达观的多血质；年老的彼得站在约翰身旁，俯首阅读，手中还捧着巨大的金色钥匙，他属于冷静淡泊的黏液质。在右画上，保罗的大麾是浅色的，他一手捧着《圣经》，一手握着利剑，属于压抑多疑的忧郁质；马克则手握书卷，机警地注视着四周，他的性格是急躁易怒的胆汁质。尽管四人的性格不同，神态有异，但是他们都对基督教会的建立肩负着重要的使命。丢勒通过此画，寄托了自己对基督教终能将人类从生与死的恐惧中解脱出来的坚定信念。此外，他不仅用它表现了特定的圣人，也表现了从青年到老年各个不同年龄段的男性。

丢勒创作《四使徒》之时，宗教改革运动如火如荼，他对宗教改革运动持同情乃至认同的态度。他将自己的版画送给路德，还曾渴望为路德亲自绘制一幅肖像。在路德的得力助手梅兰希顿到纽伦堡重组纽伦堡学校期间，丢勒为他画了一幅肖像素描。

丢勒也具有强烈的同胞物与的精神，一生对自然中的珍禽异兽充满兴趣，丢勒的家里总是有很多小动物，他还以兔子、小鸟、松鼠和猴子等动物为主体画过很多水彩画。详察他的每幅重要作品，几乎都有动物的影子。而其中让人叹为观止，应该是那幅 1512 年创作的《金丝雀的翅膀》，它被广泛传播，几乎成为天使翅膀的模型。

丢勒不仅是将意大利文艺复兴的理论和形式传播到欧洲北部的重要导师，而且在数学、建筑、军事和绘画理论等领域也做出了重要的建树，他在这些领域写出了专著《测量论》《筑城原理法》和《人体比例四书》，他还被选为纽伦堡参议员，在 1518 年出席了在奥格斯堡召开的帝国会议。

丢勒生前只想探索并掌握好自己的艺术，不想建立任何美学或艺术标准，他将自己积累的所有知识汇集到最后一部伟大的著作即《给青年画家的食粮》，作为留给那些“热爱艺术胜过热爱金银的年轻人”的最好遗产，希望“自己点燃的微光能够逐渐照亮全世界”。

丢勒在 1525 年 6 月梦到了“世界末日”，还用水彩画的形式将这个梦境记录了下来。

丢勒于 1528 年 4 月 6 日在纽伦堡去世，被安葬在圣约翰教堂墓园。

.18.

特异角色的日耳曼民族

鉴于纽伦堡在神圣罗马帝国时期的特殊角色，弗兰肯尼亚贵族汉斯·冯奥夫塞斯1852年在纽伦堡创建了日耳曼国家博物馆。

冯奥夫塞斯曾经热情参与了当时盛行的全德学生社团运动，他从小就是一个收藏爱好者，路德维希一世曾鼓励他将自己的收藏开放给民众欣赏，当时在布拉格已经有这样一家博物馆了。

日耳曼国家博物馆“为整个民族而建”，要在最广泛的意义上，表现德国历史，不仅仅是它的外在政治，还有社会的、家庭的和精神的生活，从而增强民族自信心，激发人们的爱国热情。

“日耳曼”一词意指那些使用印欧语系中日耳曼语言的民族。

公元前4世纪，日耳曼部落西边的一个分支即条顿人，开始在今日德国定居。莱茵河以东、多瑙河以北和北海之间的地区，也就称“日耳曼尼亚”。

在恺撒的《高卢战记》中，日耳曼尼亚被记叙为一片野蛮人居住之地，森林茂密，遍布着独角兽和其他神秘的生灵，永远无法殖民，所以最好不予理会。

日耳曼尼亚后来才在罗马帝国的高级行政长官和人种学家、历史学家塔西陀所写的《日耳曼尼亚》里得到了较为详细的考察。《日耳曼尼亚》1497年首次在德国出版。日耳曼人被塔西陀描述为自不可考年代以来一直生活在此的一群血统纯正的人，他们具有勇敢、诚实、节欲、爱护集体、谦逊、好客、爱乐、道德纯正、酗酒、贪婪、举止粗俗、行为残忍的特征。

公元前后，罗马人同在今日意大利以北即当年罗马帝国北部边界以外定居的日耳曼人不断发生冲突，“日耳曼”的概念也最早出现在了公元1世纪的罗马文献中。在罗马人的指称中，“日耳曼”这一名称的意思便是“令人生畏的好战的战士”。

日耳曼国家博物馆原馆已在1945年被摧毁，现在的新馆在1993年才矗立起来。门票是8欧元。

在馆外不宽的人权路的路面上，树立了30根高大的白色混凝土圆柱，上面以不同的语言雕琢了联合国人权条款。这个创意来自以色列的艺术家丹尼·卡拉万。

日耳曼国家博物馆的展出涵盖了从公元前12万年到20世纪的历史，是日耳曼文化在德语世界中最大和最重要的一个博物馆。展品包括考古文物、兵器、铠甲、乐器、科学仪器、玩具、画家和雕塑家的作品，总的收藏品多达130万件，已经展出了其中的2.5万件。

其中的地球仪是世界上最古老的，它是纽伦堡人马丁·贝海姆让杰出的纽伦堡工匠制作的，他当时从葡萄牙客居归来，已经在葡萄牙学到了有关地球的最新知识。这个地球仪曾长期存放在纽伦堡市政厅。

一枚来自5世纪东哥特的扣形饰物的外形很像一只鹰，对于酷爱雄鹰的德意志民族具有极大的美学价值和象征意义。

丢勒的名作是日耳曼国家博物馆的镇馆之宝，包括他为母亲绘制的那幅著名肖像画、为卡尔和西吉斯蒙德两个皇帝画的肖像。其他著名的德国画家如汉斯·荷尔拜因、阿尔布雷希特·阿尔特多夫埃、卢卡斯·克拉纳赫、蒂尔曼·里门施莱德、彼得·菲舍尔也有名作入藏。

.19.

对德国历史的一段承载

1945 年 1 月，盟军空袭了纽伦堡，将城中心夷为平地，1800 人丧生。市民夜以继日地忙了一个整月才将尸体全部找到并掩埋完毕。而后，美军动用了 3 个步兵师，激战了 5 天，攻陷了纽伦堡。

由于与纳粹历史具有一种极为特别的联系，使纽伦堡具有了极高度的象征性。毫无疑问地，它首先就要尽可能地从可见形象上被摧毁。

当时计划建设的德国体育馆取名为“人民同志”，将容纳 40 万人，其基坑而今成为杜特岑湖。

当年用来阅兵的齐柏林广场还大致留了下来，美军攻下纽伦堡后，曾专门用大炮对准阅兵台，将上面极为巨大的德国之膺和纳粹标志符号雕塑加以摧毁。

纽伦堡人今天爱到这里来，利用其场地开展摩托车比赛等体育活动，或者是举办流行音乐会。

纽伦堡审判即欧洲国际军事法庭，指的是 1945 年 11 月 21 日至 1946 年 10 月 1 日间，由第二次世界大战战胜国对欧洲轴心国的军事、政治和经济领袖进行数十次军事审判。由于审判主要在德国纽伦堡进行，故总称为纽伦堡审判。

对纳粹主要战犯的审判地点之所以放在了纽伦堡，除纽伦堡具有足够的象征意义之外，当时要找到像纽伦堡•菲尔特地方审判所 600 号陪审法庭这样完整的专门场所也诚属不易。

经过 216 次开庭，纽伦堡法庭对 22 名被告人做出了宣判。

戈林等 12 人被判处绞刑。其中，赫尔曼·威廉·戈林是纳粹德国政权第二号人物、国家元帅；约阿希姆·冯·里宾特洛甫是第二任外交部长；威廉·凯特尔是国防军最高统帅部长官、陆军元帅；恩斯特·卡尔滕布鲁纳是第二任中央安全局局长；阿尔弗雷德·罗森堡是纳粹党思想领袖、东方占领区事务部长；汉斯·弗兰克是纳粹党司法领袖、波兰占领区总督；威廉·弗利克是纳粹党立法领袖、内政部长；尤利乌斯·施特莱歇尔是反犹刊物《前锋报》的主编；阿尔弗雷德·约德尔是国防军最高统帅部作战部长、陆军大将；弗里茨·绍克尔是冲锋队和党卫队将军、劳工事务全权负责人；赛斯·英夸特是奥地利总督、荷兰占领区总督；马丁·鲍曼是纳粹党秘书长、希特勒私人秘书。

马丁·鲍曼当时神秘失踪，法庭对他进行的是缺席审判。1972 年年底，西柏林当局在柏林墙附近大兴土木时，偶然在一个大坑内发现了两具尸骨，经严格的医学鉴定后证实：鲍曼 1945 年 5 月 2 日黎明死于柏林火车站附近，他服用了氰化类毒药。

在行刑 6 年后，约德尔被纽伦堡法庭指控的主要罪行被撤销，被宣判无罪。

.20.

大人和孩子的美丽玩意

长久以来，纽伦堡的玩偶和玩具的设计和制作就极为发达。中世纪的工匠们和贸易商在积极设计和制作与日常生产和生活密切相关的物品的同时，并没有忽略成人和小孩子的玩欲，很早就开始在工厂里设计和制作被称为“纽伦堡的美丽玩意”的金属玩偶和玩具。

玩偶和玩具博物馆外景

圣母教堂上的音乐玩偶钟就出现在1509年。据统计，在1910年就有8000名纽伦堡市民在玩偶和玩具行业就业。今天在纽伦堡地区还有像摩比和比格这样的大型玩偶和玩具工厂在运转。而在纽伦堡举办的国际玩具展有过上百万种展品，成为世界上最大的一个玩具行业的展会。

玩偶和玩具展览在第一次大战后就出现在纽伦堡，到了 20 世纪 70 年代末，市立玩偶和玩具博物馆在卡尔街应运而生，博物馆的外表呈现文艺复兴时期的建筑样式，分为 4 层，门票是 7 欧元。

玩偶和玩具博物馆概述了玩偶和玩具有史以来的意义，并对纽伦堡作为玩偶和玩具大都会的角色作了充分的解说。

博物馆内展出的玩偶和玩具品种巨大，从最原始的铁环玩具到最现代的乐高和幻想游戏无一不足，有的体形非常细微，有的则非常庞大，几乎将整个世界中存在的万事万物都微缩成了玩偶和玩具。

Part 5

哈雷

.21.

功能杂乱的集市广场

从莱比锡坐特快列车西去哈雷，25 分钟就到。从纽伦堡北上哈雷，列车开行大约 2 个小时。哈雷老城离哈雷火车总站较远，出了火车总站，感觉野茫茫一片，非常容易失去方向感。

火车总站离老城的直线距离其实就 2 公里的样子，往东北方向走，大约要走 20 分钟，主要路经莱比锡大街，但首先要穿过 Riebeck 广场和立交桥，很容易一开始就将游历的情趣走得寡淡无味。

好在 2 线和 5 线有轨电车在火车总站西侧设有站点，但它们都要先在老城的核心即集市广场外围的街巷里穿来穿去，开到集市广场时也要 10 多分钟了。

哈雷城市不小，在 968 年成为马格德堡大主教的管辖地，今日有 30 多万人口。

哈雷城市在 14 世纪、15 世纪因为盐贸易而发展起来，“哈雷”一词就源自古代凯尔特人对盐的称呼。

哈雷有幸在二战中免遭破坏。德国分裂后，成为民主德国的化学工业中心，在 20 世纪还是萨克森—安哈尔特州的首府，德国统一之后，这个地位被马格德堡所替代。

集市广场基本上集中了哈雷老城的精华景点。广场也算空敞，但市政厅、红塔、圣母教堂、市场都聚集在此，尤其是好几路有轨电车在广场中央位置设立了上下站。这种城市核心区对交通的组织方式实在有区别于其他城市，因此，它的集市广场显出人气十足，当然也暴露了不少不安全因素。

红塔之巅和圣母教堂的四个尖顶在此集中在一块小空域中，直刺蓝天，颇为壮丽。

红塔是一个钟塔，修建于1418年至1506年间，84米高的塔体上悬挂了76口钟。

圣母教堂有500多年的历史，后哥特式的大厅有一个可以折叠的祭坛画，是在老卢卡斯·克拉纳赫的工作室内完成上色工序的。教堂现在将这祭坛画制作成画片出售，而且还做成了可折叠的样式，可以说是人见人爱。

圣母教堂的两个管风琴很特别，亨德尔就曾在其中一个上面演奏了自己创作的《弥撒曲》。

哈雷圣母教堂

有一件近乎圣物的物件被藏在这个圣母教堂的圣坛后面，那是马丁·路德去世后用来遮其脸部的面罩。传说路德的灵柩运回维滕贝格下葬的途中，曾在这里停留了一晚，结果面罩就掉落在了这里。

当走进集市广场时，目光也很容易被广场上的一尊巨大塑像所吸引。对于一个有着长久历史的城市，在它最显耀的城市位置，往往会放上这个王或那个相，或者放上某个“公侯伯子男”爵，但是，当你抵近详察，才发现“他”是亨德尔。

.22.

在英国登峰造极的德国作曲家亨德尔

作为哈雷之子，亨德尔真是在故乡享尽了尊荣。

每年 6 月，哈雷都举办盛大的亨德尔音乐节。

亨德尔是在大尼古拉斯大街 5 号的房子里出生的，这座房子如今是亨德尔纪念馆。从集市广场亨德尔塑像往西北方向走去，直线距离 300 多米开外，步行只要 5 分钟就可到达这个纪念馆，票价是 2.6 欧元。

除了展示亨德尔的生平和成就外，奇特的乐器收藏占据了纪念馆的大部分空间，包括一只精美的玻璃口琴。这个口琴是催眠术之父梅斯默尔设计的，他具有很高超的音乐才能，能演奏钢琴和小提琴，也是最早推广玻璃琴的人。梅斯默尔是当时唯一学过玻璃琴演奏的维也纳男子，作为他的好友，莫扎特就特地为他谱写了一首玻璃琴五重奏。

亨德尔像

卡尔—海因茨·科勒的油画和版画集也在纪念馆出售，这个画家独出心裁，用五分之四抽象、五分之一具象的方式画了很多有感于亨德尔音乐的油画。

亨德尔一生其实待在哈雷乃至德国的时间都不长，他的后半生都在英国度过。

作为乐坛上的常青树和多面手，在近 60 年的音乐生涯中，亨德尔在德、英、意三国乃至全欧洲都获得了巨大的声誉。他的作品熔德国严谨的对位法、意大利的独唱艺术和英国的合唱传统于一炉，成为世界音乐史上的瑰宝。他同巴赫、维瓦尔第一起，为辉煌的巴洛克时代画上了一个圆满的句号。

亨德尔创作的曲目主要是：歌剧 46 部，清唱剧 32 部，管弦乐《水上音乐》《森林音乐》《烟火音乐》各一套，管弦协奏曲十一首，大协奏曲四十二首，还有室内乐、组曲、序曲、恰空等器乐曲。

亨德尔能够创作出如此多的曲目，有赖于他作曲的速度飞快，他常常用 2~3 个星期就写完一部歌剧或清唱剧，但在他的总谱里几乎看不到一处草率的痕迹；还有赖于他喜欢在作曲时采用摘录法，就是重复应用自己以前的作品，乃至整段地拿来重新谱写，当然还爱从别的作曲家的作品中去截取。

贝多芬曾这样评价巴赫：“巴赫不是小溪，而是大海！”因为 Bach 这个姓氏在德语中的意思是“小溪”。

贝多芬曾这样评价亨德尔：“亨德尔是有史以来最伟大的作曲家，我愿意砍下我的头颅献在他的墓前。”贝多芬 1827 年去世后，在他的房间发现摆放着 1787 年伦敦出版的 40 卷亨德尔作品全集。

在亨德尔和巴赫之间，的确有几点极为有趣的对比。

他俩生于 1685 年，亨德尔是在 2 月 23 日，巴赫是在 3 月 21 日。巴赫死于 1750 年 7 月 28 日，而亨德尔在 1759 年 4 月 14 日去世。

亨德尔生前就已经声名显赫，而巴赫生前几乎默默无闻，只是后来才慢慢在名气上赶上并超过了亨德尔。巴赫曾徒步从科腾走到哈雷，只为一睹亨德尔的风采。

巴赫生在音乐世家，而亨德尔的家庭无论是往上追溯还是向旁系探求，都找不出什么音乐上的血脉。

巴赫结了婚，还一口气有了 20 个孩子，而亨德尔终身未娶。亨德尔身后留下了超过 2 万英镑的财产，颇有慈善之心的他在生前就对如何赠送这些财产做了周密的安排，诸多亲朋好友因而受益。

巴赫好静，毕生生活在德国。亨德尔好动，可谓是一名世界主义的信奏者。他给家人写信，用的是法文；他的歌剧是用意大利文写的；他的清唱剧是用英文写的。定居英国之后，只要有机会踏上欧洲大陆，他都会赶回哈雷看望自己的母亲。他最后一次回到德国，是在1750年。

亨德尔当年诞生在哈雷的时候，其母亲才34岁，而其父亲已经63岁了。

亨德尔的父亲是一个理发师兼外科医生，因为成功地医好了萨克森公爵受伤的胳膊而被赐予“御医以及机要侍从”的头衔，也算进入了上层社会，有钱购置了一栋“黄鹿之屋”。亨德尔的母亲是一个牧师的女儿，是亨德尔父亲的第二任妻子。

亨德尔的父亲希望儿子长大后当律师，不允许儿子接触任何乐器，也不允许任何音乐方面的东西进入家门。亨德尔就将一台古钢琴偷偷运回家里的阁楼上，只能偷偷摸摸地上去练琴。

后来，住在哈雷的萨克森—魏森斯菲尔大公偶然发现了亨德尔练琴并深深为他的毅力和天分所感动，于是出面说服了亨德尔的父亲。此后的几年中，亨德尔随作曲家、风琴演奏家查豪学习了键盘乐器和作曲，也学会了演奏双簧管和小提琴。

亨德尔10岁时就第一次作曲。1702年，他难违父命，进入哈雷大学学习法律，同时又在当地的教堂里担任兼职管风琴师。在大学里待了一年之后，他干脆离开学校去追求自己真正喜爱的音乐事业去了。

18岁的亨德尔只身远行到汉堡歌剧院，在那里谋到了一个第二小提琴手的职位，并与马特松成为密友。

马特松出生在汉堡的一个富裕之家，他接受过专门的音乐训练，既能演唱男高音，同时胜任乐队指挥和歌剧作者。他写过88卷书，最后被公认为德国历史上首位音乐评论家、音乐记者、历史学家和传记资料的收集者。

马特松帮助亨德尔找到了几名学生跟着学习音乐，以便亨德尔赚取一些生活费用。他俩还旅行到了靠近波罗的海的吕贝克，竞争那里的大教堂管风琴师的岗位，结果是双双落第。

不过，在亨德尔执意指挥马特松的一部歌剧的过程中，俩人发生激烈争吵，以至于展开了决斗，好在亨德尔衣服上的一颗金属扣子挡住了马特松刺过来的剑。

尽管闹到了你死我活的地步，当亨德尔演出自己的首部歌剧《阿尔米拉》的时候，马特松还是给予了大力的协助。

在第二部歌剧《尼禄》惨遭失败之后，亨德尔离开德国，去到了意大利。

当时的意大利是一个汇集了高雅音乐、歌剧、器乐和声乐的国度，荟萃了那个时代最有才华的提琴演奏家，是所有年轻音乐家扬名世界的最佳途径。在意大利的四年中，亨德尔的作曲水平有了很大的提高，他创作了不少以意大利作品为蓝本的康塔塔。而且，亨德尔一生都对绘画艺术非常感兴趣，也收藏了很多经典名画，他的另一项艺术爱好也得到了充分的满足。

1710年，亨德尔回到德国，他被任命为汉诺威选帝侯乔治的宫廷乐长。不过，这时候他也收到了访问英国首都的邀请信，旋即就去了伦敦。

自从英国本土的头号作曲家亨利·珀塞尔在1695年去世之后，直到爱尔加在19世纪下半叶出世，英国一直缺乏本土出生的伟大级的作曲家，亨德尔的到来，最终为英国在音乐世界里撑起一片天空。而伦敦当时的爱乐情趣正陷入一种“意大利狂热”，刚从意大利镀金回来的亨德尔无疑能投其所好。

1713年，亨德尔迎来了开门红，他以一首《女王生日颂歌》博得了安妮女王的赏识。

当安妮女王驾崩之后，亨德尔迎来了更好的发展机遇。1714年8月，54岁的乔治在一片浓雾弥漫中从德国的汉诺威来到伦敦，他在1698年就担任了汉诺威选侯，这次是来继承英国国王之位的。

乔治一世很快就邀请德国同胞亨德尔为他创作一些庆典音乐，用作1717年在泰晤士河上举行的王室水上宴会的伴乐。亨德尔交出的《水上音乐》大获成功，以至于乔治一世下令重复演奏了3遍，尽管每一遍都要演奏一个小时之久。从此，亨德尔在英国红透了天。

1720年，亨德尔因乔治一世的要求成立了一家上演意大利歌剧的名叫皇家音乐学园的公司，他的新歌剧《恺撒》《拉达米托斯》也取得了辉煌的成功。

乔治一世在1727年驾崩，亨德尔也正好在这一年办好了入籍英国的手续。待乔治二世登基之后，他又赶写出4首《加冕赞美歌》，由160件乐器组成的管弦乐团和庞大的合唱队在威斯敏斯特教堂盛大演出，其中一首《神父扎多克》是以后英王加冕时必用的。

从1708年开始，亨德尔从歌剧创作领域抽身而退，转而创作曲风雄伟、崇高的清唱剧。

清唱剧是一种从17世纪发展起来的音乐形式，常以宗教的或半宗教的故事作为主题，没有复杂的舞台情节而注重音乐的表现。亨德尔的清唱剧除了两首以意大利文写作之外，其他都以英文的脚本为依据，在英国很好地占有了市场。

《犹大·马加比》是1744年创作的，亨德尔当时进入花甲之年。

亨德尔常常说自己的清唱剧是写给整个民族和所有民众的，这部以《圣经》次经《马加比传》为据并洋溢着爱国主义情愫的《犹大·马加比》可能是最充足的证据。

在历史上，犹大继承父亲事业，成为犹太人的领袖。在公元前165年，他率领犹太人推翻了叙利亚统治，占领耶路撒冷，恢复了圣殿祭祀。

亨德尔是受威尔士亲王委托而创作这部清唱剧的，旨在纪念1746年的卡洛登战役。在那次战役中，仅仅打了40多分钟，英格兰部队就战胜了觊觎王位的苏格兰人，英格兰军只死了50人，而苏格兰军死了1000人。大捷之后，坎伯兰将军率军凯旋伦敦。

这部清唱剧中有著名的《英雄凯旋歌》。歌曲前段只有女声，表现的是英雄归来前胜利的消息传来时妇女儿童相互转告，簇拥在街道，兴奋不已的场景；之后加入了男声，气势骤起，表现出英雄得胜归来的雄壮威武，万众颂扬，酣畅热闹的场面。

有趣的是，后来在19世纪的英国，每开辟一条铁路和一个火车站，都会请铜管乐队奏响此曲以资庆贺。

在1981年于日本举办的第三届世界杯女子排球赛，中国队首次获得世界冠军，在颁奖时奏的乐曲正是这首《英雄凯旋曲》。

亨德尔最伟大的曲目《弥赛亚》是在1741年8月22日到9月14日之间完成的，仅仅用了24天。

首演地点是在都柏林，时间是1742年4月13日，演出邀请是爱尔兰总督发出的。

德国浪漫主义运动的领袖人物赫尔德曾这样评价《弥赛亚》："《弥赛亚》中先知和耶稣使徒的话语最能体现亨德尔的精神。从第一个音到最后一个音，都几乎贯穿着宗教世界强烈而温柔的信仰。故事不为所动，从最深刻的感受中破土而出，并将被深深铭刻在心中。在关于世界末日的预言中，教堂的大合唱响了起来，这是精神的集会、灵魂的汇合，而不再是戏剧演唱。"

首演取得极大成功的消息传回伦敦，伦敦人纷纷要求一听为快。次年在伦敦上演时，英王乔治二世亲临剧院。当第二部分终曲《哈利路亚》奏响时，他按捺不住心中的激动，站起来听完了全曲。从此形成《哈利路亚》要站着听这一条不成文的规定。

为了维护《弥赛亚》的地位不因过多的演奏而受损，乔治二世竟然下旨每年只在春天演奏一次，且只有亨德尔本人才有资格指挥。

《哈利路亚》首演时的阵容不过是18人的唱诗班和33件乐器组成的小乐团。莫扎特在1789年重编的乐谱使后来演出的人数大增，同年在伦敦就有275位人声及248件乐器的记录。1859年在伦敦的亨德尔100年逝世纪念会时，合唱团居然高达2765人，使用的乐器是460件。1869年在美国波士顿"和平日节庆"演出时，更创出了1万人大合唱加以500件乐器伴奏的记录。

1750年，年迈的亨德尔在车祸中受了伤，第二年他的视力开始减退，不久后完全失明。他依然拖着病体参加各种社会活动，包括每年春天指挥

《弥赛亚》的演出。

1759年3月30日，亨德尔最后一次出席了《弥赛亚》的演出。14天后，他就离开了人世。

3000人涌去参加了亨德尔的葬礼。亨德尔生前就表达了想葬在威斯敏斯特教堂的愿望，他在英国人的精神生活中占有的崇高地位让他如愿以偿。他的遗体被红色天鹅绒包裹起来，安放在一个可容两副棺木的墓穴中，100年后，英国大文学家狄更斯进去与他做伴。

.23.

作为自由思想堡垒的哈雷大学

哈雷大学的全名是哈雷—维滕贝格大学，是由哈雷大学和维滕贝格大学在 1817 年合并而成的。

维滕贝格大学的成立证书于 1502 年 7 月 6 日由马克斯·米力安皇帝颁出，在萨克森选帝侯腓特烈三世的努力下，于 10 月 18 日正式建立。

维腾贝格曾经是萨克森的国都，腓特烈三世重修了城堡，修建了哥特式的城堡教堂，并请到丢勒和克拉纳赫来为它装修内部。腓特烈希望维滕贝格大学能够和不远处的莱比锡大学一较高低，为了增强实力，他从奥古斯丁修道会和方济会中增聘了三位教授，马丁·路德即为其一，他到大学教授神学。

哈雷大学在 1691 年开办之后，就成了霍恩索伦领地上首屈一指的大学。贡德林教授在 1711 年颂扬它虽然是德国最年轻的大学，却是自由思想的堡垒。

哈雷—维滕贝格大学今日的主校区位于哈雷，而学术和政治研讨会的中心被放在维滕贝格，那里有完善的会展中心和酒店等设施。

除了亨德尔和马丁·路德，哈雷—维滕贝格大学的著名校友还有：1963 年诺贝尔化学奖得主卡尔·齐格勒、1953 年诺贝尔化学奖得主赫尔曼·施陶丁格、1901 年诺贝尔医学奖得主埃米尔·阿道夫·冯·贝林、1925 年诺贝尔物理学奖得主古斯塔夫·赫兹、著名心理学家赫尔曼·艾宾浩斯、微积分理论奠基人格奥尔格·康托尔等。

在当今一些大学排行榜对号入座，哈雷—维滕贝格大学排不进前 300 名。但是，在 17 世纪后期和 18 世纪初，它在德国率先倡导学术自由和教学自由，被一些教育家誉为现代大学先驱，对德国乃至欧洲高等教育现代化产生了深远的影响。同时，它成为普鲁士王国的启蒙运动和虔敬主义运动的中心。

启蒙运动是一场轰轰烈烈的思想解放运动，其兴起之时，文艺复兴运动和自然科学的发展已经结出了很多硕果，基督教会的很多说教不攻自破，人们有了更多的自信，要求摆脱宗教愚昧和特权主义专制统治的愿望也日益强烈。启蒙运动肇始于 17 世纪时的英国，而后发展到法国等欧洲国家。在法语中，“启蒙”的本意就是“光明”，如果人们以为他们要驱散那些难以再忍受的黑暗，那么理性就是光明。法国最后成为启蒙运动的中心，因为法国的启蒙运动声势最大，战斗性最强，影响最深远。连 2019 年被火灾折腾够了的巴黎圣母院也一度改名为“理性殿”。

德国启蒙运动的范围通常认为是从 1680 年到 18 世纪末，而伟大的莱布尼茨被视为德国启蒙运动的一个哲学根源。莱布尼茨的博士学位是在莱比锡大学取得的。

莱布尼茨的思想后来被沃尔夫切实继承和发扬光大，形成莱布尼茨—沃尔夫哲学体系，在康德批判哲学出现之前一直在德国占据统治地位。

沃尔夫十分自觉地将启蒙看作自己活动的目的，并以“真正的启蒙者”自称。他的 67 卷著作汇聚了理性胜利的果实，在为自己的著作设计封面时，他特意选用了一幅画有光芒四射的太阳冲破密布的乌云的画。

沃尔夫不仅用德语来讲授哲学和自然科学，还用德语来写作自己的著作，而且明确地表示：这样做的目的就是为了“使那些没有上过大学，不懂拉丁文的人”也能够读他的书，能够理解他之所思所言。

沃尔夫也创立了德文的哲学词汇，如“意识”“表象”“观念”“概念”等，他首先使用的许多这类词汇日后为德国的哲学家们所承继使用。

沃尔夫要求任何论断都必须伴随充分的理由，推理要与逻辑严格相符，而他采用的哲学方法几近于数学方法，对理性的使用臻于极致，他的哲学观点以及思维方式的影响是如此之大，以至于可以说德国人的某些思想习惯的源头会被上溯到他那里。难怪黑格尔要称他为“德国人的导师”。

沃尔夫于 1679 年出生在布雷斯劳一个制革工家庭。当他由于在学术上提倡理性这一进步思想而被逐出莱比锡大学所在的萨克森时，正是莱布尼茨将他介绍至哈雷大学任教。

沃尔夫的思想在哈雷被以弗兰克为首的虔敬主义者视为异教思想，他们甚至认为沃尔夫接受了莱布尼茨的预定和谐理论，其中蕴含的宿命论可能为逃兵提供借口，会危及国王的卫队。他们向国王腓特烈一世告状，要求将他解职，国王很快就做出了激烈的反应，不仅将沃尔夫解职，还将他驱逐出普鲁士，沃尔夫不得不转到马堡大学去继续活动。

待到腓特烈大王继位之后，沃尔夫的命运立马发生了倒转。他被请回了普鲁士，还得到了宫廷枢密顾问的头衔，以及当时从未有过的最高薪俸 2000 塔勒。因为大王本人是沃尔夫的年轻信徒，还是沃尔夫文章的法文翻译者之一。

沃尔夫是这样回到哈雷的：3 个骑马的号手为前导，紧跟着 50 名骑马的大学生，随后是一辆 4 匹马拉着的轿车，哲学家和其夫人端坐其上，最后尾随着该城著名人士和教授乘坐的车队，队伍行至市中心时，鼓号齐鸣，一整天都音乐不断。

.24.

虔敬主义在哈雷

虔敬主义运动在腓特烈一世当政期间发展得如火如荼，当腓特烈一世还是储君的时候，虔敬派的领导人弗兰克就和他保持着非常良好的关系。

虔敬主义自称是新的宗教改革运动，它的起点一般从斯彭纳尔 1675 年发表《虔敬愿望》这篇短文算起，翌年斯彭纳尔就被维滕贝格大学的神学家们正式定为异端邪说者。

虔敬主义这个运动要改革的对象就是当年进行了宗教改革的路德宗。因为路德宗在一个半世纪的发展中，也避免不了任何一个运动或教派由弱至强乃至臻于鼎盛之后的浸衰，宗教组织机构化、宗教教义教条化和宗教程序烦琐化的现象让很多教徒感到窒息。

当时已有不少人不愿再去教堂和大家一起做礼拜了，他们相信只有在信仰相同、情感也相同的朋友交往中才能显示出个人的价值。斯彭纳尔看准时机，从 1670 年开始聚集一小群信徒在他家中读经、祈祷及查经，每星期聚集两次。彼此鼓励追求活泼的属灵生命最早组织了家庭聚会，自称“虔敬团契”，虔敬派由此而得名。

虔敬派的主张是突出人的原罪，推崇虔敬的情感，强调信仰要发自内心的虔敬情感，有了这种情感，才可能与神建立起一种直接的甚至神秘的联系。他们不再按正统新教要求的那样，过于注重在理性基础上阅读《圣经》，而是通过一些情感性的仪式尤其是高唱宗教歌曲来表达自己的信念。他们甚至可以让每个成员都能主持宗教仪式。

虔敬派倡扬节制和低调，反对奢华和铺张浪费，还很重视在日常事务中将这些信仰具体表现出来，做到勤奋、负责、服从和守纪。

1686 年左右，斯彭纳尔还在德累斯顿宫廷担任牧师的时候，就结识了弗兰克。1691 年，斯彭纳尔到柏林召集弗兰克及其他虔敬主义者，并收纳在法国受迫害的胡格诺派，开办贫民学校、孤儿院、医院、圣经学校、教师讲习班等。待到哈雷大学成立，虔敬运动的中心就转到了哈雷。哈雷大学容纳了不少虔敬主义的践行者，他们就职于重要的教学岗位和行政管理岗位。

斯彭纳尔晚年埋头著述，由弗兰克继续领导虔敬主义运动。

在哈雷，弗兰克建立起虔诚主义的组织和一系列文化、教育和慈善机构，它们也被称作“弗兰克机构”。

弗兰克于 1695 年在哈雷开设了一所帮助穷人的学校，后来被扩建为一所孤儿院，不仅为孤儿们提供食宿，还让他们接受以教授实用技巧为主的初等教育。

弗兰克还鼓励孤儿院运行商业，其出版社和商店办得非常红火，业务甚至延伸到了欧洲的中部和东部。到了 1711 年，孤儿院甚至从国王那里得到了特权，被直接划给储君掌管，也获得了多种来自官方资源的收益。

在孤儿院之外，弗兰克也建立了许多付费学校，用来接收来自特定社会阶层和具有某些职业背景的孩子，而预科学校的学生则大多数来自贵族阶层。

在这些学校里，每间教室里都放置了沙漏，学生们培养出自律和敏锐的时间意识，可以说是开了现代工业社会工休制度的先河。虔敬主义者还特别强调树立严格的道德标准和严正的职业观念，鼓励学生们不停地工作和无节制地奉献。

到了 1717 年，腓特烈一世要求在 2000 所学校都按照哈雷学校的模式进行改造，任何人想要进入公职体系，都必须在哈雷大学接受至少两个学期的教育和培训。到了 1730 年之后，连军队的大多数军官也要接受按照哈雷模式由虔敬派管理的学校教育。军队里的牧师也曾经多达一半以上是哈雷大学神学院的学生。

由此可见，哈雷在塑造德国的民族性和德国人的个人素养方面，曾经发挥过多么宏巨的作用。

Part 6
奎德林堡

.25.

孕育德意志的摇篮

从哈雷去往奎德林堡很容易。火车总站坐 RE24、RE4，半小时后到哈尔伯斯塔特，再转 RE11，7 分钟后就到了第二站即奎德林堡。

博德河畔的奎德林堡不到 3 万居民，范围实在不大，不必过夜。带着大件行李去的，可能会非常狼狈。因为在火车站内居然没有在绝大多数德国火车站都有的自动储物箱。那种自动储物箱最大的可以容纳 30 多寸的行李箱，费用是 3.5 欧元，用硬币投进去。

没有自动储物箱的火车站，至少还有位于萨克森州的迈森。也不知是否是一种巧合，这两个地方都位于原东德地区。即使以前再落后，统一毕竟已经 20 年了，这种必不可少的服务设施也早就该统一了。DB 为何不一个站一个站地巡查，消除这个别的盲点呢？

遇上这等麻烦事，也不必太着急。就在火车站内，总会有书店、面包店、快餐店之类的服务设施，给店主讲清楚，他们一般都乐意为你收留几小时的大件行李的，甚至好心好意到了一分欧元都不收的地步。

从车站走到城中心大约要 10 分钟。街道都用圆石铺就。

位于集市广场的市政厅是 1320 年建成的，风格属于文艺复兴式。入口处的小猎犬 Quedel 是奎德林堡的吉祥物。服务台所在的空间有一圈壁画以奎德林堡的丰富历史为描绘对象。

在市政厅左侧的骑士罗兰雕像树立于 1426 年。罗兰是历史上一位公正的法官，从 14 世纪起，有关他的塑像就大量地出现在北德地区，被视为正义和自由的象征。

奎德林堡城内的房屋几乎都可以当作木结构建筑的经典去观赏。在集市广场附近还专门设立了木结构桁架博物馆，门票2欧元。位于Woodgasse大街3号的建筑大约建于1400年，是德国现存的最为古老的木结构建筑。

这些建筑的特色是以木材作为整个房子的支架，而且木头支架结构都显现于房子外貌。由于当时的建筑工法很质朴，木构架跨距小且构件粗，也不能被裁切得很精准，只是简单加工后就搭起来了，再加上年久带来的形变，因此许多房子现在看上去都是歪歪斜斜的。

奎德林堡在1994年被列入联合国教科文组织的《世界遗产目录》。而在奎德林堡的网站上，挂出了这样一句话："奎德林堡——德国的摇篮。"无论它有没有太夸大的成分，但奎德林堡在历史上的确与德国统治者有特别的交集。

位于城西南的宫堡山修建于919年，是亨利一世的行宫之一。

公元919年，绰号"捕鸟者"的萨克森公爵亨利被推选为德意志国王，称亨利一世，开始了德国历史上的萨克森王朝。

亨利一世在位17年，在这期间，"德意志"从一个地域概念成为一个王国的名称，这个德意志王国也同时完全从法兰克王权系统中脱离了出来。所以，很多史籍都将亨利一世称颂为"德意志帝国的缔造者"。

亨利一世像

922年，亨利一世在奎德林堡两座山脉中的一个侧面建造城堡，后来这里便成为萨克森各代国王的行宫。

亨利一世的意义还在于他为德国人开辟了东方之路，以求征服那里的所谓低等民族并追求建立一个大德意志帝国。

亨利一世在926年迫使匈牙利人同意休战9年，停止侵犯德国。在928年让德国军队进攻斯拉夫人，渡过易北河，占领了后来成为普鲁士核心区域的勃兰登堡。再占领了迈森，在那里建起了城堡，将它变成了德国教会的北方重镇。在 929 年，德国继续向东，征服了捷克，捷克后来成为神圣罗马帝国的七大组成部分之一。

正因为如此，亨利一世在 19 世纪被民族主义者积极挖掘出来。1936 年 7 月 2 日，在奎德林堡的亨利一世墓旁，举行了盛大的纪念亨利一世逝世 1000 周年的活动。

在主教区城市和修道院修建城堡也是亨利一世强化统治的一个绝招。他颁布了《城堡法规》，让城堡既不是单纯的防御堡垒，也不是单纯的城防要塞，而是成了有城垣的社会。城堡内的主教或修道院院长同时就是这个社会的首脑。从那时起，德国城堡这项重要功能就完全有别于欧洲其他地区的城堡，成为德国特有的现象。

亨利一世的婚姻生活也可点可赞。

他的第一个妻子是哈特博格，他俩是在萨勒河的河滩上举行结婚仪式的。哈特博格这次是二婚，她在首任丈夫去世之后投身教会当了修女。但是，这个良缘是背着教会在暗中结下的，最后被教会判决无效。当他俩不得不分开的时候，哈特博格已有身孕。

几年之后，亨利一世按照父亲的意愿，向出生在维杜金德公爵贵族家庭的玛蒂尔德求婚。为了学习知识的目的，玛蒂尔德很早就被送入了黑尔福德修道院，但其美貌和美德早就传遍了萨克森境内。黑尔福德修道院院长其实就是玛蒂尔德的祖母，她成为寡妇之后就在修道院蒙面修行。

亨利一世将玛蒂尔德从黑尔福德修道院接回了家乡，万人空巷，迎接他俩。

亨利一世和玛蒂尔德的婚礼是 909 年在黄金河谷瓦尔豪森举行的，规模之大已经堪比皇室婚礼，整个瓦尔豪森都被亨利作为聘礼送给了玛蒂尔德。

到了 912 年 11 月 22 日，他们的第一个孩子奥托就诞生了，亨利一世后来将王位传给了奥托。玛蒂尔德后来还生养了 4 个天资极高的孩子。

玛蒂尔德像

婚后，玛蒂尔德恪守妇道妻道，性情特别温厚平和，始终为他人的福祉奔忙，成为亨利一世得力的助手。她每早每晚都为丈夫的一举一动祈福，受苦受难的人都能从她那里得到庇护，当亨利一世做出过分严厉的判决时，她总是善意地加以劝说。

亨利一世感激玛蒂尔德，痛痛快快地将奎德林堡等 5 个地方都赏赐给了她。

在亨利一世生命的最后几年，他感到自己时日不多，于是开始分心于修道院的管理问题。他想在奎德林堡再修一座修道院，以使自己死后能葬得其所。

玛蒂尔德和丈夫一起在奎德林堡找到一个可以纵览远处景色的高地，很快就动工建造。在这个过程中，温德豪森修道院的修女们向国王伸出了求援的双手，她们的修道院位于博德河流经的一个交通困难的地方，而她们都来自贵族家族，更习惯比较好的生活条件，她们请求调到奎德林堡去。玛蒂尔德知道了这个消息，极力促成了这桩迁移之举，因为她也十分看重高贵的出身，认为出身高贵家庭的必然具有高贵的思想。

亨利一世弥留之际，特地将玛蒂尔德叫到身边，先是悄声说了一些话，而后竟然朗声说道："我深爱的忠诚的女子啊！感谢天主基督让我在你之前离开人世。别人都不曾像我一样拥有你这样虔敬而又有德行的女子。你常常让我的愤怒平息下来，总是能给我有用的建议，要是我走了弯路，你就将我引回到正直的道路上，你不倦地提醒着我曾经受过的苦难，总是说'对一切心怀感激吧'！我的灵魂即将离开肉体，我要向神和他选定的圣人讲述你和我们的孩子，为你们祈祷。"

936 年 7 月 2 日，年近七旬的亨利一世咽了气。他的陵墓就定在他在奎德林堡亲自建立的修道院中。那间位于地下室的房间被叫作老礼拜堂，非常阴暗，一块简朴的大理石碑被橡木镶着，上面标示出亨利一世棺椁的位置。这种过于简陋的安葬方式似乎是与亨利一世取得的伟大成就不太相称的，但却和他生前非常谦逊的性格极为合拍。

亨利一世去世那天是星期六，在那之后，每到星期六的早上 9 点，玛蒂尔德都会将穷人召集起来，给予他们尽可能的帮助，以这种方式来纪念亨利一世。

年近 80 的玛蒂尔德死于 968 年 3 月 15 日，那一天也正好是星期六。按照玛蒂尔德的遗愿，她被安葬在亨利一世的旁边。

玛蒂尔德生前在其拥有的奎德林堡等地建立了修道会，在那个无比动荡的时代里，树立起一种神圣的基督教式的生死观。即使在她生命的最后几年，她都在天还没亮的时候就离开卧榻，到教堂中进行祈祷。无论身在何处，她都帮助穷人，援助漫游者和流浪者，教男仆女佣识字阅读，给病人送医送药。

人们当时就用《圣经·约伯记》中的话语来赞美她："她像女王来到民众当中，又像个安慰悲伤的人。"时至今日，有关玛蒂尔德的往事已经成为德国历史中非常光彩的回忆之一。

亨利一世去世后，其儿子奥托在 935 年继任国王，史称奥托一世。

到了 962 年，奥托又在罗马圣彼得大教堂被教皇约翰十二世加冕为"罗马皇帝"，奥托一世因此又被称为奥托大帝。神圣罗马帝国的历史从此开始，奎德林堡也就成为帝国的首都和贸易中心。

奥托执政期间，几乎没有一年不采取军事行动。在经历了长期战争之后，60 岁的他在 973 年 5 月在奎德林堡欢庆复活节，还举行了最后一次帝国会议，以之体现和解与和平之意。所有来宾都带来了独特而贵重的礼品，气氛高贵而隆重，连萨克森人从未见过的狮子、骆驼和猴子也在堡内亮相。

.26.

皇族的避难和受难之地

在后来的漫长岁月里，奎德林堡也成了霍亨索伦皇族避难和受难的地方。

1618 年到 1648 年间，在欧洲爆发了“三十年战争”。

“三十年战争”这一术语是法学家普芬道夫创造出来的。普芬道夫在 1688 年被大选侯腓特烈任命为宫廷史官，他写作了大选侯时期的辉煌历史。

“三十年战争”源于德国境内新教和天主教的严重矛盾，可谓是发端于德国的宗教改革带给德国自身的一场无比悲惨的结局，同时，也是德国和欧洲各种政治力量竞相角逐和攫取利益的国际性战争。

1607 年，信奉天主教的巴伐利亚公爵伙同耶稣会和皇帝，无端地武力攻击信奉新教的帝国自由市多瑙弗特，并将之并入自己的领地。德国诸侯随之立马分裂为水火难容的两个阵营：新教诸侯在次年便成立了新教联盟，并得到英国、丹麦、荷兰和法国的支持；天主教诸侯跟着成立天主教联盟来与之抗争，他们获得了皇帝、教皇和西班牙的支持。

1618 年 5 月，“三十年战争”由捷克起义拉开了帷幕。当时捷克议会中的新教等级代表自动开会，拒绝承认耶稣会的狂热追随者、斯提里亚大公斐迪南出任捷克国王，并把两名国王的忠实官吏从王宫的窗口扔了出去，从而导致了奥地利采取征伐行动。最后，在新教联盟及英法诸国的旁观下，皇帝和天主教联盟联手镇压了捷克起义。

1924年，“三十年战争”进入第二阶段。恐惧于皇帝和天主教联盟越演越烈的进逼气势，6万丹麦雇佣军在得到英国和荷兰的资金和武器支援下攻进了北德，并得到了一批新教诸侯的支持。皇帝在不利的战局面前，任命了华伦斯坦为军队司令。华伦斯坦募集了一支3万多人的军队，并纵容抢掠以便保障军费开支。华伦斯坦的军队最后和天主教联盟的军队一起大败丹麦，皇帝的势力趁机扩张到了波罗的海。

第三个阶段开始于1630年7月瑞典的入侵。华伦斯坦那时已经被解除了军权，其军队也被解散，因为他主张剪除诸侯并统一全国而遭诸侯忌恨，他们怂恿和逼迫皇帝让华伦斯坦下台。

作为“北方新升的流星”，瑞典历来都把控制波罗的海视为自己的生命线，1.2万名瑞典军队在国王率领下成功地突袭了德国北部，并在众多新教诸侯的支援下，在两年后打到了慕尼黑，夺取了南德和西德的大部分地区，把他们作为瑞典采邑封给新教诸侯们。

在绝望之际，皇帝又只有重新向华伦斯坦招手。华伦斯坦迅疾用高价募集了一支雇佣军，加上皇帝的兵马，一共4万人，很快扭转了败局，并在1634年初秋，将瑞典人完全击败。而后，当华伦斯坦重提他的中央集权计划，并采取同瑞典和萨克森讲和的行动时，他彻底地成为皇帝、诸侯乃至他的一些部下的眼中钉，被宣布为“叛国者”，继而被皇帝派去的军官刺杀身亡。1635年，皇帝同萨克森、勃兰登堡正式签订了合约。

第四阶段的战事有了法国的参与，当战争双方都已到了疲惫不堪之时，它终于直接走到了战争的前台，企图夺取欧洲霸主的地位。1635年5月，法国军队同时在德国、尼德兰、意大利和西班牙向哈布斯堡王朝开战。

尚留在北德的瑞典军队也再次起兵侵入中德和南德，法国军队1643年大胜西班牙之后，又调动重兵向东赶来和瑞典军队会师，并最终把握了胜势。他们在1646年攻入巴伐利亚，再合力进攻奥地利，在这样的形势下，敌对双方都呈现出强弩之末之相，不得不同意停战议和。

“三十年战争”最后以签订《威斯特法利亚和约》而结束。

大选侯腓特烈·威廉1640年至1688年在位。他的童年时代与“三十年战争”的时间重叠，为了保护他不受外敌所侵，其童年的大多数时光都在奎德林堡度过，那里周围是茂密的森林，与世隔绝。14岁时，随着军事威胁加深和这一带流行病疫，才被送往相对安全的荷兰共和国，在那里待了4年。

大选侯在位时极其扩大了勃兰登堡的国际权势，在他去世之后，其儿子腓特烈一世在1688年继任选帝侯，并在1701年到1713年任普鲁士国王。

普鲁士国王加冕典礼办得极为辉煌。3000匹骏马拉着1800架马车，载着整个霍亨索伦王族及其所有的侍从和行李，从柏林前往柯尼斯堡。

1701年1月18日，腓特烈一世在接受神职人员涂油礼之前，就为自己加冕，凸显了统治自主的意志，接着，他走进王后寝宫为王后加冕。而后，才去古堡教堂，从加尔文主教乌尔西努斯那里完成了涂油礼。

为了加冕庆典，腓特烈一世额外加收王冠税50万塔勒，用于制王后华冠就耗费其五分之三，剩下的还不足以制作国王的王冠。

腓特烈一世去世后，其儿子腓特烈·威廉一世在1713年继任普鲁士国王。他被人称为“士兵王”，身高2米有余，体重100多公斤，平时暴饮暴食，烟瘾极大。

腓特烈·威廉一世首先是一个节俭狂。他一上任，就解雇了宫中三分之二的仆人，包括巧克力师、乐师，剩下的被大幅降薪，降幅最大的只能拿到之前的25%。宫内的雕刻家们得知之前的雇佣契约被修改，也纷纷离开了柏林。王宫内积聚的大量财宝被卖掉，动物园中的狮子被卖给波兰国王。他还下令在普鲁士禁止法国文学、拉丁文和音乐。伟大的数学家和哲学家莱布尼茨在他眼中，不过是“一个废物，连站岗都不行”。按照他的命令举办的唯一一次大学辩论会，辩论的主题却是“所有的学者都是饶舌鬼和糊涂蛋”。他为他的王宫近卫队购买一个爱尔兰人就用了9000塔勒，大大超过了柯尼斯堡大学一年的预算。他曾同意给柏林图书馆捐赠购书费，结果他捐出的钱一次是4个塔勒，另一次是5个塔勒，可笑之极。

腓特烈·威廉一世酷爱军队，他建立了一支巨人军队，还委托画师为那些巨人士兵画全身油画像，记录他们的样貌。他上任时，士兵数量才 4 万人，等到他 1740 年去世时，士兵数量达到了 8 万人，勃兰登堡—普鲁士的面积当时排名欧洲第十，人口数量排名第十三，而军队规模却排名第四。

腓特烈·威廉一世按照一个军人的标准去要求儿子，这个儿子就是在 1740 年继任普鲁士国王的腓特烈二世，后世尊崇他为腓特烈大王。

腓特烈大王是腓特烈·威廉一世的次子，他在其长兄早逝之后就被立为王储，但其兴趣爱好与父亲希望的完全背道而驰。“士兵王”看不惯儿子是一个“吹横笛者和诗人”，为了严格教育王储，他不惜使用虐待和拷打的极端形式，有一次差一点就用剑刺死了王储。

当父子感情到达了最尖锐的对立的时候，18 岁的王储终于在 1730 年的夏天，同挚友、近卫队少尉卡特一起试图逃亡英国，结果在过边境线时被捉了回来。

在帝国皇帝卡尔六世和帝国元帅欧根亲王的书面求情下，王储才免于一死。

卡特本来是要用滚烫的热铁撕裂四肢之后才被绞死的，后来考虑到其家庭背景，才被改判为简单的斩首。不过，还是特意将斩首场地选在王储的窗前。王储的另一个密友英格斯雷本少尉则被关进一个要塞里的黑洞里长达半年之久。

德国国家博物馆展出的“士兵王”派人为士兵画的肖像

王储本人则遭到监禁，他

被遣送到奎德林堡，被关在一个地牢里，穿着罪犯的棕色囚衣，不得提出任何问题，监管士兵也不得回答，提供给他阅读《圣经》的脂油灯到晚上7点就要熄灭。

有些不可思议的是，在奎德林堡待了较长的时间之后，父子之间的冲突竟然慢慢缓解了下来，王储似乎也改“邪”归“正”，他开始认真学习和思考，为将来当好普鲁士国王做准备。

腓特烈二世在1740年登上了王位，开辟了一个“开明君主专制”时代，成为一个英明之君。

.27.

“神圣的游吟诗人”克洛普斯托克

克洛普斯托克是德国著名诗人、德意志狂飙突进文学运动的先驱者之一，他1724年降生在奎德林堡。那栋位于城堡山12号的16世纪的房子现在改为了博物馆，门票是2.5欧元，除了展示克洛普斯托克的生平事迹外，还展出与第一个德国女医生有关的物品。

克洛普斯托克的父亲是一个律师，宗教态度相当虔诚，既博览群书，又绝不迂腐。他为自己的孩子们尽力创造全面发展的环境，为了让他们从小就和大自然有更多的亲近，他甚至在1732年将家从奎德林堡城内搬到了乡下。

克洛普斯托克在1739年进入著名的普夫塔学校，这是一间始建于1543年的德国名校，费希特和尼采等人后来都是它的学生。在这个学校就读期间，克洛普斯托克形成了改变德国文学落后面貌的宏愿，并认识到德国文学不能再在法国文学之后亦步亦趋，而要直接去古希腊文学那里吸取精华。荷马特别受他推崇，他居然当时就定下了要效法荷马写一部反映德意志史诗的宏愿。

克洛普斯托克像

克洛普斯托克后来的确写出了史诗

《救世主》，而且有部分初稿是在普夫塔学校毕业时完成的，但它的反映对象不是德意志民族，而是全人类。

克洛普斯托克花在《救世主》之上的时间最后长达50年，它几乎成为他的毕生之作。整个作品由20首歌构成，共有诗句2万多行。

从普夫塔学校毕业之后，克洛普斯托克在1745年进入耶拿大学，次年又转入了莱比锡大学。他一边作为学生读书，一边作为作家继续创作《救世主》。

《救世主》的前3首歌写出来后，在形式上格韵高绝，一反常态，在内容上也可能引起基督教正统派的反感，但《理智与机智娱乐新论》还是慧眼识珠，在1748年的第四和第五卷上发表了。克洛普斯托克很快就因为《救世主》成为德国知名度最高的作家。

克洛普斯托克最后得到了丹麦国王的资助，才将《救世主》全部写完。

赫尔德认为《救世主》给人的第一印象就是新。“仿佛不仅是发现了一种新的语言，而且同时也发现了一个新的灵魂，一颗新的心灵，一种更加纯洁的文学。”

“文以载道”，为克洛普斯托克所信奉的道就是人性本善，人是具有发展前途的，人应该去追求崇高，人的理想就是要像神一样纯洁和高尚。而在文学形式方面，他主张文学应该以情感人而不是以理服人，他用抒情代替叙事，尤其是以疾风暴雨般的情感表达方式来抒情，从而在根本上改变了史诗的传统性质。

克洛普斯托克在颂歌体彻底德语化上贡献很大，其后的歌德、荷尔德林都继承了他改造过的这种形式。

在《救世主》之外，克洛普斯托克写的其他诗歌又掀起了另一道对他的崇拜热潮，凡是读过他的诗歌的人无不感到那种阅读带给自己的极高的审美享受。克洛普斯托克在1771年将它们结集出版之前，社会上就以传抄方式将它们广泛传布。

马勒创作自己别名为“复活”的《第二交响曲》时，一度搜肠刮肚也难以前行，正是克洛普斯托克的诗歌让他冲破了板障。

那是1894年，恰逢马勒的挚友彪罗谢世，马勒去汉堡参加葬礼，亲自感受了他一直思考在心的死的气氛，他后来回忆道：“当我坐在那里默默追忆着故人的时候，现场的那种气氛和心情正好吻合了我要在作品中表达的精神。这时，合唱队在管风琴的伴奏下，唱起了克洛普斯托克的赞美诗《复活吧》！那赞美诗仿佛一道闪电击中了我，立刻使我大悟……一切都清楚而生动地呈现在我的心灵之前。创作者所等的就是这一道闪电，这就是他的‘天使报喜’。”

克洛普斯托克极为热爱德国。他认为振兴德意志民族的关键，是要在文学和科学领域取得突破，而那种突破必须来自德国人自己有所首创。他假托一位古人写出了《德意志学者共和国》，在那个共和国里，所有成员分为三等，立法者为第一等，第三等是庶民百姓，第二等是“不同行业的人”。正是这第二等中的人们才有着真正的创造性力量，历史学家、演说家和作家属于其中的“表述行业”，神学家、自然研究者、法学家、天文学家属于其中的“论述行业”。

克洛普斯托克也大力宣扬了精英论和天才论，认为振兴民族的重任只有像他那样的知识分子才能担负，因为他们都是天才，具有敏锐的感知力、活跃的想象力和准确的判断力。天才不是时代的奴隶，他的创作永远来自“深藏在心灵深处的精神迸发出来的烈火”。

克洛普斯托克还积极为德国作家创造文学创作和学术活动的良好条件，使他们摆脱生计的迫使而全力投入到崇高而纯净的事业中去。他积极游说各地的宫廷来资助文学创作和学术活动，比如向巴登当局倡建“德意志协会”，向奥地利皇帝提出《在德国支持科学的计划》，提出了诸如修史、建立皇家印刷厂和出版社、演出本国戏剧、发给作家和学者固定的薪金以奖励他们的突出成就等等措施。

Part 7

韦尼格罗德

.28.

傍依哈尔茨山的色彩之城

去韦尼格罗德可以在哈尔伯斯塔特坐RE11、RE4，几分钟就到。也可以在哈雷坐开往戈斯拉尔的RE4，中间不用转车。

火车接近哈尔伯斯塔特，就可遥望到在极远处的哈尔茨山脉，这条山脉看上去非常长，但在整体高度上没有太大的起伏，因而感觉像一道特别狭长的云层下降到了接近地面的地方，乍看上去还不觉得是山脉的形状。

哈尔茨山的德语名“Harz”源于中古高地德语的单词“Hardt”或“Hart”，意即“山林”。它横跨以前属于东德的萨克森—安哈尔特州、图林根州和属于西德的下萨克森州三州。全长110公里，从西北面的塞森延伸到东南面的艾斯莱本，最大的宽度在35公里，面积为2226平方公里。

哈尔茨山区的名镇主要是位于东边的韦尼格罗德和位于西边的戈斯拉尔，两者之间通过RE车相通，时间大约在50分钟，票价是6.6欧元。戈斯拉尔在1992年成为联合国世界文化遗产。

韦尼格罗德藏在一个小河谷中，齐勒巴赫河和霍尔特默河在城的西南端汇合，大多数建筑被漫山遍野的绿色掩蔽，只有那些红瓦露出峥嵘。一个诗人于是赞美它是“依傍哈尔茨山的色彩之城”。

韦尼格罗德在2004年举办了庆祝建成775年的活动，整个市容也为之进行了大规模的整饰，色彩焕然一新，反而让人感觉不到那种沉郁的味道。

火灾无疑是木结构建筑的天敌，发生在韦尼格罗德的最近的一场大火是在1848年，迄今，还有1000多栋半木结构的老房屋留存下来。有700年历史的西门塔雄风仍在，它曾作为从西进入城内的必经之门。门面只有3米宽的克莱恩斯特屋建于18世纪中叶，是小镇上最小的房子，它被两侧的房屋挤压，好像一个玩具般的房屋，可以付费1欧元进去看个详细。位于欣特大街48号的房子，是城内最老的房子，其历史也可以上推到14世纪。

韦尼格罗德城堡耸立在高350米的名叫克令特的小山上，是韦尼格罗德伯爵在1110年至1120年间建造的，原有的建筑早已经随着时间的流逝而变容，今天见到的样貌是1858年改建的结果。

城堡内有36间房子，现在作为博物馆开放，门票是4.5欧元。展出的内容是韦尼格罗德家族的历史以及19世纪的生活场景，在镶饰效果依然保持良好的房间里还可以见到皇帝画像。

半边塔

每年7月上旬到8月中旬，都会在城堡举办一年一度的音乐节。很多时段里，城堡内还举办再现骑士生活的活动，几十个男男女女穿着历史服装，有模有样，有声有色。

在去往城堡的路上，可以看到一座让人感到莫名其妙的半边塔。直到19世纪末，还有超过30座半边塔遍布在全城，它们都有5米高，原来是和护城河结合起来使用的防御工事。因为要为开辟道路和新修建筑腾出空间，现在只有两个保存了下来。

.29.

女巫欢聚的布罗肯峰

哈尔茨山的最高处是海拔 1142 米的布罗肯峰，算德国北部的最高点。

去布罗肯峰的挺有趣的交通方式是乘坐窄轨列车。从韦尼格罗德发出的头班车是 9 点，来回票价共 49 欧元，单程时间大约 1 小时半。韦尼格罗德窄轨列车站与火车站在同一个地点，走到站前广场，正对着的房子就是火车站，左手边的房子则是窄轨列车站。

现在约有 60 万人居住于山脉之中的城镇和乡村。窄轨铁路在哈尔茨山区开来开去，总长 132 公里，有 25 台蒸汽机和 10 台柴油机，铁轨的曲线都保持在半径 60 米之内，已经退役的最早蒸汽机的历史可以上溯到 1897 年。

窄轨铁路的运行有三条线路，其中一条由韦尼格罗德开往 Drei Annen Hohne，两地相距 14 公里，而其中的弯道多达 72 个。

在韦尼格罗德就能模模糊糊地看见布罗肯峰，竖立在峰顶上的一根涂成了红白两色的电视塔强化了它的可辨别性。在德国统一之前，东德秘密警察还在峰顶上布置了很多的雷达设施，因而是不能靠近的。

布罗肯峰有一个著名的气象现象：当浓雾笼罩山头，光线从水平方向照射过来，人影会被印在浓雾形成的壁上，人影周围还有光环出现。这个现象也被称为“布罗肯的妖怪”。其气象原理大概和中国峨眉山上的佛光类似吧。

一年当中，布罗肯峰平均 260 天有雾，甚至有多达百日是整日被浓雾笼罩。即使是在五月登上峰顶，在短短的半小时内，也可能一会儿下飞雪，一会儿飘细雨，再一会儿又阳光普照。

布罗肯峰之有名，还与瓦普鲁吉斯之夜有很大的关联。

瓦普鲁吉斯原为德国艾希施台特地方的本笃会女修道院院长。她生前品德高洁，抵制巫术，受到民众爱戴。在779年去世之后，她成为天主教的圣女。

按照德国民间传说，每年5月1日就是瓦普鲁吉斯的纪念日，在这一天的前夜，女巫们就会在布罗肯峰聚会，她们骑着长柄扫帚和粪叉，披散着头发，飞来飞去，狂欢不已，对瓦普鲁吉斯代表的正统教会进行挑战和示威。

女巫是何许人也？

著名的异端裁判海因里希·克雷默和雅各布·施普伦格在1486年合著的《女巫之锤》被称为“猎巫手册”的大作，他们为猎巫行动提供了理论指南。

在15世纪至18世纪期间，大约有5万人被猎巫，其中80%的受害者是女性。在这些女人当中，处于绝经期和绝经后的妇女人数占有极高的比例，并且她们几乎都有过做母亲的经验。

那些女巫的身体常常被描绘成干瘪瘪的，旨在构成对那些稍纵即逝的多产女性丰满形象的讽刺。女巫之所以爱伤害孕妇和婴儿，被认为是出于嫉妒年轻的妈妈们的原因。由于老龄又缺乏经济保障，她们也想通过照看孩子来增加与社会的联系，这些都将她们引向毁灭。

鬼神学家亨利·波特甚至指出，越是低贱的女人就越是渴望强烈的性爱：“魔鬼利用了女人热衷享受世俗的肉欲的弱点，而他非常善于用性爱带来的肉欲点燃女巫对自己的忠诚。此外，要令女人对男人彻底忠诚，完全顺服，没有比征服和虐待她的肉体更好的方式了。”因此，一些女巫在被刑讯逼供的时候，不得不招认自己和魔鬼有过性关系，甚至描绘魔鬼的阳具巨大又冰冷，而且在性爱中会持续勃起超过一个半小时以上的时间，但是不会射精。

根据女巫传说形成了一个民俗活动，每年春天4月30日的这一天夜里，数以千计的远近居民和游客会将自己打扮成怪模怪样的巫婆妖魔，招摇过市，最后涌向布罗肯山巅。

在《浮士德》的第1幕第21场，歌德写的就是《瓦尔普吉斯之夜》。

魔鬼梅菲斯特不想让浮士德知道格蕾辛的悲惨处境，免得他心生懊悔，干脆带他登上了布罗肯峰，参与女巫的欢聚，继续将他拖入官能享乐的泥淖。当浮士德和一个美丽的女巫跳舞的时候，从她的嘴里跳出了一只红老鼠，才使他在恍惚中看到了不幸的格蕾辛的面影。

法国浪漫主义画家德拉克洛瓦不顾被自己的同胞指责为浪荡不羁，在《浮士德》里找到了自己所需的创作题材。歌德对之给予了高度的赞同，还希望他能为整部《浮士德》加上插图。德拉克洛瓦完成的诸多《浮士德》石版画插图中就有《巫婆的厨房》和《布罗肯峰奇景》。

歌德也确实在1777年、1783年和1784年三到哈尔茨山。

布罗肯峰顶上的歌德纪念石

1777年歌德进行了第一次哈尔茨山之旅。他独自一人骑马，带着旅行袋启程，经过了戈斯拉尔和韦尼格罗德："我想是在12月8日午后一时吧，我伫立在布罗肯山峰，上面是炽热的太阳，光彩夺目，下面是深达一米的积雪。从这里眺望脚下德国的土地，一切都被云雾遮盖住了……在我独往独来的十四天，谁也不知道我究竟在哪里。”

在《哈尔茨山冬游记》这首诗中，歌德还这样吟诵道：“有如兀鹰 / 在早晨的浓雾之上 / 展开柔软的翅膀，/ 寻找猎物，/ 我的歌儿飘荡。”

正因为这样的原因，在布罗肯峰顶上，为歌德立了一块纪念石。

与歌德纪念石并列的，还有海涅纪念石。

布罗肯峰顶上的海涅纪念石

海涅是 1824 年游历哈尔茨山的，并写出了著名的《哈尔茨山游记》。

在《哈尔茨上游记》中，不乏一些金句，如：“地是一个圆轴，人在上边是些个别的小钉刺，表面上无所为地散布着：但是圆轴在转，小钉刺到处碰撞，发出声音，一部分钉刺常常碰撞，一部分不常碰撞，产生一套离奇复杂的音乐，这音乐叫作世界历史。”

海涅的《哈尔茨山游记》基本遵从了游记体裁的传统写法，记叙了自己从哥廷根出发，步行穿越哈尔茨山区并登上布罗肯峰的全程经历。不仅描绘了沿途的自然景观，还记录了沿途那些辛勤劳动的贫困矿工的生活，对大学的知识分子给予了诙谐的讽刺，对普鲁士内阁和联邦议会进行了影射和挖苦，对基督教仇视感官快乐给予了抨击，他那种尖刻讽刺的标志性文风已经在这部游记中初露端倪。

Part 8

魏玛

.30.

德国的第一个共和国以魏玛冠名

在德国，如果要选出这样一个城市：其规模不大，但在整个国家近200多年的历史发展上却起到非常大的作用，那么，魏玛会毫无悬念地成为首选。

让·保尔曾经到过魏玛，他当时就情不自禁地这样赞叹道："我终于推开了天门，现在正站在魏玛的中心。"

"Weimar"中的"Wei"，是神圣之义，"mar"是海之义。魏玛所在地曾为一片汪洋。它以银杏为市树，到处都可以看到三叉戟标志，三叉戟是希腊传说中海神的象征。魏玛在975年有城，1254年被称为城市。

据说在二战末期，正是因为英美联军司令部的指挥官敬慕歌德，通告飞行员不要轰炸魏玛，魏玛的古迹才得以幸存。

在东德时期，魏玛仍然只有6000多居民，在其城北建立了很多工厂，后来城市的定位转为文化城市，关停了不少工厂，还将周围的6个村落合并了进来，才使其所辖地区的人口增加到了6万多人。

从哈雷向西，从爱尔福特向东，都很容易到达魏玛。萨克森州、萨克森—安哈尔特、黑森州、图林根州这几个州很注意交通网络的协同建设，S线、RB线、RE线贯穿它们境内，简直有点五花缭乱的感觉。从图林根州首府爱尔福特坐RE16、RE17、RB20，只要11分钟就到魏玛。而从莱比锡火车总站坐RB20，则需要大约一个半小时。

今天，魏玛有25座国立博物馆，其中市属7座，5座是艺术收藏博物馆，另 13 座属于古典魏玛基金会。每年的文物保护费用达 1.2 亿欧元，从联邦和州政府得到 500 万欧元的保护补贴。从 1985 年开始，欧盟隔几年挑选和确定一座“欧洲文化之都”，头几个当选的是瑞典首都斯德哥尔摩、葡萄牙首都里斯本和西班牙首都马德里，到了 1993 年，欧盟宣布魏玛为 1999 年的“欧洲文化之都”。1998 年，联合国教科文组织做出决定，将魏玛的歌德故居、席勒故居、赫尔德教堂、魏玛国家剧院等历史建筑以及多处园林，一共 11 处名胜古迹，列为世界文化遗产。

“小城”之所以发挥了那么大的作用，原因是多方面的。

从政治的角度而言，魏玛的名字是和德国历史上第一个共和国相联系着的，人们称之为魏玛共和国。

第一次世界大战结束之时，各种政治势力都在试图按照自己的政治理想改建国家，李卜克内西和卢森堡领导的斯巴达克同盟就摩拳擦掌地要将德国引向苏维埃化。鉴于形势非常紧急，1918 年 11 月 9 日，德国社会民主党最知名的演讲家谢德曼对着柏林的成千上万民众，宣布了战争结束、

魏玛国家剧院

德皇威廉二世退位以及艾柏特被选为新任总理这一系列重大举措。跟着，负责制定宪法的国民议会计划在 1919 年 2 月举行。

国民议会的开会地点最后没有就近选择柏林，而是放到了位于柏林西南 241 公里外的魏玛。其中一个原因是为了躲避柏林激进分子的干扰。尽管如此，当会议于 2 月 6 日开幕的时候，还是调去了 7000 人的军队，把作为会场的德国国家剧院卫护得密不透风。德国国家剧院是一座古典主义风格的建筑。

最后，顺利举行的国民议会审议了宪法草案，选举艾柏特为德国的首任总统，选举谢德曼为政府首相。

魏玛之所以能够被选中的其他原因，史学家们分析，可能是魏玛在更远一些的历史时期已经俨然如德国的文化之都，它在那时形成的总体形象使人们更多地联想到对开放、宽容、和平、博爱、大同这些美好品质的追求和拥有。因此，到魏玛开会，可以说能够获得一种理想的象征，也可以说是让新的德国的开始有一个好的意蕴。

.31.

《罗恩格林》的首演地

尽管魏玛非常有名，但无论在城市的整体形象，还是在局部街区乃至单体建筑的形象方面，都过于平实，实在是很大的一种美中不足。

从火车总站到城中心，步行大约要 20 分钟，所以投宿最好就近选位于火车站广场南端的恺撒酒店。托马斯·曼和理查·施特劳斯都曾经在这个酒店入住，酒店特意在墙上将入住过的名人信息大肆宣扬。

从火车总站到国家剧院的直线距离大约是 1.5 公里。

现在看到的国家剧院，其实是在这个地址修的第三个剧院了。按照《歌德谈话录》中的记载，歌德曾经苦心经营这个剧院长达 30 年之久。

1825 年 3 月 22 日零时以后不久，剧院的供暖装置发生故障而引发了大火，大公卡尔·奥古斯特也亲临现场指挥抢救，最后意识到本来已经比较朽坏的剧院建筑已经无法拯救，大公才下令让其自行倒塌，让消防水龙转而扑救与剧院相邻的那些房屋。

歌德后来积极参与了新剧院的建造工作。针对有人认为他不是在魏玛为人民建立一座剧院的最合适人选，歌德非常愤慨，他说：“我将毕生的精力献给了人民和人民的教化，为何就不该为他们建立一座剧院呢？但是在魏玛这座小城里，有人曾经开玩笑地说，只有上万的诗人和为数不多的居民，这里哪能说得上人民呢？更谈不上人民的剧院！魏玛将来无疑也要变成一座大城市，不过想看到魏玛人民形成足够的数量，能够建立和维持一个剧院，我们还要等上几百年的时间。”

抵达国家剧院，首先就能看到歌德和席勒的雕像，这座雕像可谓是反映德国文化的经典雕像之一。它是由雕塑家恩斯特·里切尔在1857年完成的，歌德曾经担任过它的前身宫廷剧院的总监，而他和席勒的一些剧作也是在这个剧院首演的。

对于古典音乐爱好者而言，这座剧院的重要意义还在于它是瓦格纳浪漫主义乐剧的巅峰之作《罗恩格林》的首演地。即使对古典音乐不爱好，只要在自己的婚礼或他人的婚礼上还离不开出自《罗恩格林》第三幕的那首《婚礼进行曲》的人，都应该知道：《罗恩格林》是1850年8月28日在魏玛的国家剧院首演的。

《罗恩格林》的故事发生在公元11世纪。

德意志皇帝海德里希前来位于安特卫普的布拉班特公国，募集军队前去对抗匈牙利人的侵袭。可是，他在布拉班特公国没有见到领主，实际上弗里德里希伯爵在布拉班特大公去世之后已经篡位，并对未成年的大公之子即大公继承人格特弗里特施以魔法，将他变成了一只天鹅。面对皇帝的追问，弗里德里希诬告公主爱尔莎谋杀了弟弟，并请求皇帝在目前无适当继任者的情况下，将公国交给他管理。

在国王的审判庭上，爱尔莎什么都不回答，而只答应接受上帝的审判。她说自己曾梦到一位骑士，前来替自己同弗里德里希决斗。皇帝同意了爱尔莎的请求。在爱尔莎真诚的祷告之后，一位骑士由一只天鹅拉着的小船载运而来。他答应为公主的清白决斗，并在胜利之后成为爱尔莎的丈夫，但骑士给出了一个前提条件，他郑重宣言："爱尔莎，若要我成为你的夫君，若要我保护你的臣民和土地，若要什么都不再把我与你离分，有一点你必须对我发誓：你永远不要向我问个明白，更不可蓄意为这事操心，我是从何处乘船而来，还有我的姓氏和出身！"

骑士最后战胜了弗里德里希伯爵，他被册封为布拉班特大公，并要在结婚次日就随皇帝出征。但弗里德里希的妻子奥特鲁特不甘心他们的失败，她用尽百般心思，去挑起爱尔莎的疑心，使得爱尔莎终于破坏了自己的誓言。

弗里德里希伯爵趁爱尔莎在追问骑士的姓名和来历，前来暗杀骑士，却被骑士接过爱尔莎递过来的剑将他刺死。骑士将弗里德里希的尸首运去皇帝的裁判所，面对众人和皇帝，诉说了弗里德里希暗杀他的经过，也当众宣告了公主已经破坏了誓言，接着，他以一曲《在遥远的地方》表明了自己的身份——他就是守护圣杯之王帕西法尔的儿子、骑士罗恩格林。

罗恩格林完成了洗清公主冤情的使命，但是因为公主追问而使圣杯的秘密被道破，他已经不能再随皇帝出征，而必须回去守护圣杯。

天鹅拉的小船又出来了。罗恩格林留下自己的剑、角笛和戒指，让它们保护爱尔莎。他也破除魔法，使公主之弟由天鹅恢复原形。最后，罗恩格林唤来一只白鸽，再将它变为天鹅，拉动小船，徐徐而去。

此时此刻，爱尔莎悲痛万分，昏倒在地，气绝而亡。众人惊呼："可惜呀！"

托马斯·曼认为《罗恩格林》序曲堪称绝对魔幻，是浪漫派的巅峰。他还感觉出全剧具有"蓝色—银灰色的美"。而对《罗恩格林》全剧，尼采感觉出的颜色是"蓝色的"。

柴可夫斯基将《罗恩格林》序曲评为来自天国的声音："它表现了光明和真理，描绘了美丽的国土，叙述了罗恩格林从圣杯城降临布拉本特公国营救美丽而受人诽谤的爱尔莎的动人故事。瓦格纳在这里首次创用那种漂亮的配器，从此之后，所有的作曲家想要在音乐里表现崇高而富于诗意的意境时，就采用这种弦乐器在高音区的配器方法。瓦格纳运用卓越惊人的技巧，将描绘圣杯的温柔而明朗的主题音量逐渐增强，一直达到震耳欲聋的最强音，随后又渐渐恢复主题原来的音响。最后，在弦乐队极高的音区渐渐消失，使听众不由自主地沉浸在充满诗意的情绪之中。"

《罗恩格林》是瓦格纳在 1848 年 3 月完成的，但他后来在德累斯顿参与了 1848 年革命，被官方通缉而逃出了德国。

为了让自己的心爱之作早日面世，他将《罗恩格林》的总谱寄给了李斯特，求李斯特做主："不管好坏，设法让它能够演出就行。"

李斯特很快就给出了肯定的判断，决定在即将举办的赫尔德纪念会上演出。

《罗恩格林》首演那天晚上，瓦格纳在瑞士卢塞恩的天鹅酒店焦急地等待，他和妻子敏娜看着钟，准确地注视着开始的时刻和估计中的结束时刻。

首演产生了一系列很好的效果，阿道夫·施塔尔在柏林《民族报》上对《罗恩格林》给予了详细的评论，要求德国人高度重视瓦格纳的作品。李斯特还在1854年完成了《罗恩格林》的钢琴改编曲。

.32.

魏玛的音乐星空

今日魏玛的一些街道名带有很重的音乐味儿，漫步在小城的西半部，可见到好些以音乐家为名的街道，它们是“布鲁克纳大街”“西贝柳斯大街”“莫扎特大街”“巴赫大街”“理查·施特劳斯大街”“李斯特大街”“舒伯特大街”“瓦格纳大街”等。

早在 1708 年，“音乐之父”巴赫接受了公爵威廉·恩斯特的聘请，到了魏玛。

威廉·恩斯特属于那个时代最高贵和最有教养的君王之列，对艺术事业倾尽全力，也让魏玛始终笼罩着一种启蒙式的进步气氛，实际上已为世纪末的魏玛盛世打下了基础。

在 1717 年 10 月 31 日至 11 月 2 日，魏玛宫廷还专门举办了庆祝宗教改革运动 200 周年的庆典。君王对活动的圆满举行感到非常满意，因而建立了一笔基金，将其利息每年赏给所有宫廷的乐师，属于巴赫的那份是三个金币。

巴赫在魏玛担任了王室管风琴师兼室内乐作曲家，后来又升任乐长。他在魏玛的 9 年里，年收入从开始的 156 个金币不断有所增加，足够巴赫那个多子女的家庭有一个体面的生活。

巴赫开始对阿尔卑斯山脉以南意大利的各种音乐表现形式进行了研究，并进行了创新，培育出德国音乐的独特品格。他在管风琴音乐创作方面已经炉火纯青，创作了《C 小调帕萨卡利亚和赋格》与《管风琴曲小集》等大量的管风琴佳作，并且逐渐从物理方面成了另一个领域的管风琴专家，可以将庞大复杂的管风琴拆开、修理、重新组装，而后，一些偏僻地方的教堂在建造新的管风琴的时候，都会请巴赫出面帮忙。巴赫每个月还要再写出几首新的康塔塔，这期间他创作的最后一首康塔塔是《基督未覆盖尸布躺卧在死亡之旁》。

巴赫像

然而，巴赫是不太光彩地离开魏玛的。1717 年的魏玛公国官方档案记载："11 月 6 日，管风琴师巴赫由于自己的大逆不道，要求离职而被押于市裁判所。12 月 2 日由于允许离职而被释放。"所谓的"大逆不道"，是指巴赫没能如愿接替过世的德雷斯成为新任乐长之后，满腹怨气，撂挑子不干了，恰好科腾的利奥波德亲王愿意聘请他过去当乐长，于是巴赫"以一种非常不委婉的口吻提出辞呈"。

1811 年底，著名作曲家和指挥家玛利亚・韦伯来到魏玛，与歌德有了短暂的会晤，但韦伯在日记里写下的评语却是他讨厌歌德。次年 4 月，韦伯在魏玛再会歌德，而后他在致友人中："我们对这种半神只能敬而远之。"

在巴赫之后，以魏玛为家的最有名的音乐家，首先就是李斯特。

李斯特 1776 年出生在匈牙利西部的涅梅什维奥伊村。他的父亲亚当・李斯特在爱斯特尔加兹公爵的一座庄园里当管家，他的母亲则是从奥地利的克列姆斯城迁来的。

为了让李斯特的音乐天才找到优良的生长土壤，亚当不惜先采用"停薪留职"的方式，后来干脆采用"辞职"方式，带着少年李斯特去奥地利和巴黎闯荡。

1823 年，在维也纳，12 岁的李斯特举办过一场音乐会，并荣幸地请来了 53 岁的贝多芬。贝多芬慧眼识珠，还上台去抱起李斯特并亲吻了他的额头。此举被视为一个音乐时代向另一个音乐时代过渡的象征。

到巴黎后不久，李斯特又开始了旅行演奏生涯，足迹遍及整个欧洲。

1841 年，李斯特在前往柏林途中，路经魏玛，被引荐给沙皇的姐姐玛丽·波普娜女大公，还举办了三场音乐会。女大公对李斯特的才艺钦佩不已，送了一枚钻戒给他。第二年，李斯特再到魏玛，接受了女大公的建议，与宫廷戏剧总管签订了合同，每年到魏玛生活三个月。

李斯特之所以做出这样的选择，一方面是希望远离当时喧嚣的政治生活，另一方面仍然希望能够恢复德意志民族文化最古老的中心魏玛城昔日的伟大，还有一个原因是他希望依靠女大公的帮助，使他所钟情的俄国的卡洛琳公主得到离婚的许可。

李斯特也很快对魏玛充满了浓烈的好感，他说："这片理想的故土，我真希望有一天能成为魏玛的公民。"他一直考虑创作一部大型的抒情作品献给魏玛，还打算将魏玛变成一个新雅典，成为音乐、文学和绘画中心。

柏辽兹是李斯特的好朋友，他也到过魏玛，他在致李斯特的信上这样写道："我在这里终于可以呼吸了，我在空气中感受到某种东西，它告诉我魏玛是一座文学之都、艺术之都。它的形象完全符合我的设想，它宁静、辉煌、空气清新，充满和平与梦想，城市周围美景迷人，碧水青山，让人陶醉。"

从 1844 年开始，李斯特又担任了魏玛宫廷乐队的指挥。到了 1848 年，李斯特正式迁居魏玛，一直住到 1861 年。正是在这个魏玛时期，他与德国文化发生了直接而最密切的联系。

当卡洛琳也来到了魏玛的时候，波普娜女大公将阿尔滕堡让给她居住，后来李斯特也从饭店搬进了阿尔滕堡。一间朝向公园的被称作"蓝色房间"的屋子成了李斯特的工作室。在他俩相处的相当长的一段时间里，卡洛琳都对李斯特起到某种天使般的作用。每当李斯特谱曲和写信时，他都需要卡洛琳在场，才能运笔自如。

李斯特与瓦格纳闻名于世的高情深谊也是在魏玛时期开端和持续深化的。1848 年，李斯特从魏玛去了德累斯顿拜访瓦格纳，而瓦格纳则跟着从德累斯顿来到魏玛进行回访。在次年，李斯特在魏玛指挥了瓦格纳的歌剧《汤豪塞》，将自己对瓦格纳才华的钦佩变为实际的行动。当瓦格纳在1883年去世的时候，李斯特专门在魏玛指挥了一场悼念音乐会，首次上演了自己谱写的《在瓦格纳墓旁》，很少写作室内乐的李斯特这次使用了弦乐四重奏和竖琴。

在魏玛，李斯特指挥了43部歌剧的演出，其中包括瓦格纳的《罗恩格林》《汤豪塞》《漂泊的荷兰人》、舒曼的《格诺维瓦》、梅耶贝尔的《胡格诺教徒》、威尔第的《两个弗斯卡尔》、格林卡的《奥尔菲》等24部歌剧在魏玛舞台上的首场演出。而魏玛时期也是他自己的创作力的巅峰时期，他完成了《浮士德交响曲》、交响诗《塔索》《理想》《普罗米修斯》和《匈牙利狂想曲》等曲目的创作。

李斯特和卡洛琳还特别喜欢在阿尔滕堡举行音乐晚会，不少和李斯特关系友好的音乐家如柏辽兹、勃拉姆斯和瓦格纳，以及更多的李斯特迷们，从德国各地乃至国外赶来魏玛参与其中。

李斯特、柏辽兹等人在一起

尤其值得一提的是，在魏玛形成了李斯特的学生群体，像著名的指挥家彪罗、著名小提琴家约阿希姆、著名作曲家沙文尔卡、绍尔等，他们有的在魏玛待过很长的时间。而李斯特对他们非常慷慨，不但不收分文，还在经济上对一些学生给予资助。

李斯特音乐学校

有了李斯特坐镇，魏玛很快就成为德国的大音乐中心之一，尤其成为新德意志派的堡垒。李斯特在 1854 年组织了“新魏玛联盟”，坚持音乐创新和艺术进步。1861 年，李斯特又在魏玛建立了“全德音乐协会”。

1860 年，卡洛琳前往梵蒂冈，希望在那里解除自己和维特根斯坦侯爵的婚姻关系，李斯特也在次年前往罗马与她会合。直到 1869 年，李斯特才再次定居魏玛。

今日在魏玛还设有李斯特音乐学校。在歌德国家博物馆以南 300 多米，就在伊姆公园的西面入口旁，李斯特故居也对外开放，门票是 2 欧元。

李斯特故居是一栋三层楼房，每一层都有专门的音乐间。

在首层的音乐间里，有一架维也纳钢琴和一排乐谱架，这是演奏室内乐的地方。一面墙上挂着贝多芬的原本面模，四周的圆形像框里有柏辽兹、瓦格纳、罗伯特·舒曼与克拉拉·舒曼的肖像。屋里存有李斯特收藏的部分乐谱，其中包括大量奉献给他的音乐作品。

二楼是所谓的“公用房间”。在藏书丰富的图书室里放着两架钢琴，其中一架原为贝多芬所有。二楼的一个小型博物馆里放着大量出自著名艺术家画笔或雕刀的李斯特的画像、半身雕像、半身浮雕像、纪念像章等，以及李斯特收到的来自世界各国的珍贵礼品。这里还保存着极其珍贵的巴赫、贝多芬、瓦格纳、莫扎特、柏辽兹等音乐大家的手稿。

三楼则为李斯特一人专用。主音乐室中央放着一架李斯特专门定做的带踏板的大钢琴。

伟大的作曲家和指挥家理查·施特劳斯在1889年也到了魏玛，他应聘了国立剧院的第二乐长。他的交响诗《唐璜》和歌剧《贡特拉姆》都是在魏玛首演的。他指挥了《罗恩格林》在魏玛的第100场演出，还成功指挥了瓦格纳的另一部歌剧《特里斯坦与伊索尔德》全本的演出，他未来的妻子保莉娜担任了其中的女主角。

.33.

歌德时代的魏玛

现在几乎可以说，没有歌德，就没有魏玛。

魏玛在歌德时代是当时的萨克森－魏玛－爱森纳赫公国的首府，整个公国人口不过 10 万多人，魏玛也只有 7500 人，其所属的大学城耶拿连学生一起才 4300 人。

那时的魏玛是一个交通上的死角，无论是从南边的法兰克福经过爱尔福特通往莱比锡的东西干道，还是由艾斯勒本去往纽伦堡的南北干道，都不经由它。接近魏玛的一段干道路况非常糟糕，有一次歌德去法兰克福，刚出城不久马车就翻了。

歌德是 1775 年到魏玛的，那年他才 26 岁，但已经闻名欧洲，是公认的伟大作家。他在次年就取得了魏玛的公民权，又在 1782 年晋升为贵族。

到魏玛之前，歌德已经厌倦了在故乡法兰克福开律师事务所的工作，与身为银行家小姐的未婚妻丽莉·薛纳曼的婚约也解除了，一时心灰意懒，正踏上去意大利的旅途。德国的文人向来对阳光明媚的意大利十分向往和渴望，“意大利”成为一个可改变生活目标的同义词。

当歌德走到海德堡的时候，一辆由卡尔·奥古斯特公爵特地派来接他的马车赶上了他。

1758 年，腓特烈大帝的侄女安娜·阿玛丽亚接替她逝去的丈夫，掌管了萨克森—魏玛—爱森纳赫公国的大政。为了教育她的两个儿子卡尔·奥古斯特和康斯坦丁，她相中了诗人和哲学教授维兰德和普鲁士官员克内贝尔。克内贝尔不久就将已经因《少年维特的烦恼》而声誉鹊起的歌德介绍给了奥古斯特。

德国在那时处于诸侯割据的局面，政治权力相当杂散，当时的小邦小国多达 300 多个。然而，在难以体现出一种强大的统一的国家政治力量的同时，却造成了德国文化在各地全面开花的局面，各个小邦小国无不通过修文教兴文化去展示自己的开明风采，去吸引人才聚集，去满足统治者的个人情趣。

奥古斯特成功地打动了歌德，将歌德带回了魏玛。从那时起，除开 1786 年去意大利“寻根”的一年多时间，到 82 岁去世为止，歌德在魏玛一共住了 60 年。

歌德初到魏玛，主要任务就是陪伴奥古斯特大公。

大公的爱好极为广泛。比如，他坚持拥有直属于自己的轻骑兵部队，统一穿着特别设计的军装。但由于财力不足，最后只剩下 38 名骑兵和 136 名步兵。他也爱好养育猎犬，魏玛猎犬因而成为知名品种。

歌德到任后曾试图解决对外交通联系的难题，却无功而返。但城中的道路建设还算有些水平，最重要的路段和广场都铺上了砾石，为此还专门向来魏玛的游客和外国人征收了砾石路面税。为保养好路面，还规定马车只能中速行驶，禁止在马路上抽烟。

歌德的大宅就位于魏玛城中心，那是奥古斯特公爵赠送给歌德的。歌德在里面创作了不少世界名作。

歌德像

这个大宅现在作为歌德博物馆开放。门票是 12.5 欧元，可以说是德国博物馆中价格最高的门票。

歌德博物馆充分反映了歌德的品位和社会地位。其室内装潢优雅，陈列了不少画作与意大利雕塑，以及大量的岩石、化石和植物标本。宅子后面的一系列朴素的小房间都是书房和图书馆，俯瞰着歌德自行设计的、有科学研究用途的花园，花园一角的小楼则用来存放数量庞大的地质标本。

歌德的花园别墅是歌德在魏玛的第一个住所，歌德本人参与了设计制造。它位于伊尔河畔公园的深林当中。歌德从1776年到1782年间都住在这里。在《歌德谈话录》中，用了很大的篇幅对这个别墅及伊尔河畔公园进行了不厌其烦的描绘并给予了赞美。

歌德的花园别墅

在魏玛宫廷里，歌德先后当过伊尔梅瑙矿山的总监、筑路大臣、军备大臣，后来又接管了一个又一个有关科学和艺术的行政领导权限，担任了魏玛宫廷剧院、魏玛美术院和耶拿大学的总监。

歌德来了之后，魏玛很快就拥有了“日耳曼的雅典”的巨大名望，成为德国古典主义作家的大本营，成为德国思想家、艺术家群贤毕至的圣地。

而魏玛也使歌德发生了很大的变化，让他很快从一个热血沸腾的青年转变成一个行为庄重、举止高雅的成熟男子。

夏洛特·施泰因夫人是决定这种转变的一个重要因素。

施泰因夫人的丈夫是魏玛宫廷的马房官施泰因男爵，已经是7个孩子的母亲。她被歌德当作了人道主义和理想主义的化身，当作了自己的母亲、姐姐、朋友和情人，歌德将自己一切的感情与思绪都向她倾吐，同时虚心地听从她的指教。

歌德与施泰因夫人的通信多达1800封。她在《塔索》和《在陶里斯的伊菲革涅亚》中，被歌德塑造为德国女性之极致。

在魏玛的最初十年，歌德在文学之外的其他领域充分展现了自己的才华。

为了保护森林，歌德研究了植物学。他写过《植物变形学》，在其中提出这样一个观点：多彩多姿的植物世界实际上共享一种原型或原始形式，每一种不同的植物都是这一原型的一种变体。叶片就是最为基本的原型，由它衍生出如花瓣和花萼这样的其他器官。

为了更好地监督耶拿大学对人体标本的管理，歌德研究了解剖学，还在1784年发现了人的颚间骨。虽然法国科学家魏克—达苏在此之前4年就已经发现了这块骨头，但歌德的发现是在他自己不知这一“新闻”的情况下独立完成的。

为了开发矿藏和从矿物中找出实证来说明原型世界是如何形成的，歌德研究了地质学和矿物学。还建造了一个收集了17800块矿石的矿物标本室。

为了更好地欣赏艺术和促进自己的绘画，歌德研究了光学和色彩学。他毫不后悔用了半生的精力去写作《颜色学》，虽然这让他少写了五六部悲剧。他认为在他之后会有许多人写悲剧，言外之意是没有第二个人能像他那样去写作《颜色学》。

歌德的《颜色学》在1810年写出，他在其中抨击了牛顿的研究方法，认为用三棱镜将白光发散为可见光谱的做法是极其不自然甚至是矫揉造作的，它破坏了自然内在统一的法则，将导致自然的窒息死亡。

歌德还写过《声学》，还研究过化学，并在耶拿大学建立了德国大学中的第一个化学系。

除了天文学之外，歌德几乎研究了当时存在的所有自然科学。因为歌德认为天文学必须求助于仪器、计算和力学，是要花毕生精力去做的，不是他的分内之事。

而歌德的绘画热情始终没有泯灭，他一生画了 2700 幅之多，其中绝大多数是风景画，也包括他进行科学研究时所绘下的画图以及他对人体进行的临摹。

.34.

古典主义的根据地

尽管歌德自负甚高，但他在行政事务方面的所有努力却始终未能得到宫廷大臣们的认可，甚至有时遭到他们的故意作对。为了摆脱困境，歌德在 1786 年 9 月 3 日隐姓埋名，偷偷前往他神往已久的意大利。

歌德用 1 年又 9 个月的时间游遍了意大利全境，其中在罗马待的时间最为长久。他广交各界名流，深入研究古希腊罗马的伟大艺术，不仅欣赏到与德国风景有别的地中海明媚风光，同时对意大利人快乐爽朗的生活情趣生出好感，这所有的感悟都被他写成了《意大利游记》。

意大利之行让歌德确信宇宙中有一种内在和谐，而古典艺术就是这样一种毫不做作的、极为自然的文化的明证，它创造出的美无不因循着自然的范例。

从意大利再回魏玛之后，歌德的文学创作能力又一次得到了爆发，几乎是获得了艺术上的再生。德国文学史也随之进入了古典文学时期。

从 18 世纪 50 年代到 19 世纪 30 年代这约 80 年期间的德国文学是特别复杂的。古典主义和浪漫主义流派几乎同时产生并存在，还相互交涉、互相依存。而在法国，这两种文学流派势如水火；在英国和西班牙，则仅仅存在浪漫主义流派。

1828 年，海涅效仿伏尔泰的先例，提出以伟大的歌德的名字作为这一个时代的名称："歌德时代从他的摇篮岁月开始，以他的寿终正寝告终。囊括所有自治艺术原则下的德国文学，包括浪漫派在内。"

作为一个折中，最后是将古典主义和浪漫主义并列为这一文学时代的名称。

德国古典主义文学与浪漫主义文学的区别，首先体现在时长和作家人数上。古典主义文学作家主要就是歌德和席勒，其起点如果以歌德与席勒结盟起算，是在 1794 年，如果以歌德到意大利游历起算，则是在 1776 年；其终点如果以席勒去世算，到 1805 年为止，如果以歌德去世算，到 1832 年为止。浪漫主义文学作家则多达几十人，其活动期大致从 1796 年到 1850 年。

另外，古典文学注重形式完美，遵守传统的艺术规则；浪漫派则偏爱片断化和混合形式，幅度跳跃大，许多名著仅是残篇。

古典文学还讲究注重事物的客观性，寻求理性和感情的平衡；浪漫文学则强调主观真实，推崇自由的想象力。古典文学关注普遍人性，没有地域限制；浪漫文学则体现出明显的本土风格和民族性，素材多取自中世纪德国的历史和传说。

在自己的古典文学时期，歌德与席勒一起创作了许多的叙事谣曲，虽然他在狂飙突进时期也创作了不少这种体裁的作品，但它们被看作纯粹的民间文学形式，被突出的是民间性和大众性。而现在的叙事谣曲则被更多地视作高雅文学的一种形式，被强调的是朴实性和典雅性。

《威廉·迈斯特的学习时代》这部长篇小说是歌德在 1777 年开始动笔的，他在 1793 年决定将它继续写完，同时设想在写完这个“学习时代”之后，还将写作《威廉·迈斯特的漫游时代》。

歌德在这部小说中让威廉·迈斯特从一个片面的人成长为一个完整的人，通过不断认识、克制和调整自我，最终使自己的主观和客观现实实现了统一。

《哀格蒙特》这部戏剧是歌德在 1787 年写完的。

歌德用此剧为领导荷兰民族反抗西班牙暴政的哀格蒙特竖起了直插云霄的不朽丰碑。16 世纪的尼德兰深陷于西班牙暴政的水深火热之中，伯爵哀格蒙特作为尼德兰的统帅，奋起反抗异族的奴役，后来由于西班牙驻尼德兰总督背信弃义，哀格蒙特不幸被捕，最后英勇献身。

《哀格蒙特》深深地撼动了贝多芬。贝多芬在 1810 年 6 月为《哀格蒙特》谱写了十段配乐，他非常完美地完成了在短小的序曲中提取整部歌剧精魂的努力，创始了音乐会序曲的新体裁。

《托夸多·塔索》这部戏剧是歌德在 1789 年完成的。

诗人塔索闪放出意大利文艺复兴最后的光芒，这位费拉拉城邦埃斯特家族的宫廷诗人，写作了著名的叙事长诗《被解放的耶路撒冷》。但他不谙世故，在宫廷里得罪了不少人，内心与外在的剧烈冲突让他从 1579 年起患上了精神病，被幽禁在疯人院长达 7 年之久，晚年在意大利四处流浪。1594 年罗马教皇克雷门特八世计划授予他年金和桂冠，但塔索没等到这一天就踏上了去往天堂之路。

1849 年，整个德国正掀起纪念歌德 100 周年诞辰的热潮。刚刚到魏玛上任不久的李斯特躬逢其盛，魏玛宫廷约请这位新任乐长谱写新曲，于是，李斯特就为纪念活动中上演的歌德戏剧《塔索》写了序曲。李斯特后来又将这一序曲扩展为交响诗《塔索：悲叹与胜利》。

歌德在魏玛取得的最大的文学成就是世界文学名著《浮士德》。他用了约 60 年的时间来写作，初稿始于 1768 年，主要形成于歌德的古典时期。

.35.

《浮士德》及其音乐化

《浮士德》是一部长达 12111 行的诗剧。第一部问世于 1808 年，第二部问世于 1832 年。全剧没有首尾连贯的情节，而是以浮士德思想的发展变化为线索。

浮士德是由一个真人逐步变化而成的文学形象。据史料记载，作为真人的浮士德生活在 16 世纪初，与马丁·路德是同时代人。他是一个占星家、数学家，还擅长医术。他四处游历，与当时的诸多学者有过交流，还讲授过荷马的作品。浮士德的拉丁文写法“Fsustus”含有“幸福的”含义，常常为当时的占星家、炼金术师和魔术师用来做自己的姓氏。也有传说他自诉自己不信上帝而信魔鬼，是一个地道的江湖骗子。无论是哪一种记载或传说，都存在一些共同之处，那就是浮士德是一个热爱知识并拥有知识的人，而且与魔鬼结下了盟约。

1587 年，一本名为《浮士德博士的故事》的图书在法兰克福面世，约翰·施皮斯将浮士德作为反面典型来处理，他想要“长上鹰的翅膀，探究天上和地下的一切根源”，不惜向魔鬼出卖了自己的灵魂，最终惨死在自己的家中。

这本书很快就传去了英国，英国剧作家马洛据之改编出《浮士德的悲剧故事》，在 1588 年出版。浮士德在马洛笔下生出了一些正面的积极意义，被写成一个巨人式的人物，知识也被肯定为最伟大的力量。

马洛的剧本在 17 世纪初由英国的旅行剧团带到德国各地巡演，后来又被德国人改编成地道的德国戏和木偶戏。

莱辛是德国启蒙主义的巨将，是他发现了浮士德作为戏剧题材所能具有的重大价值，而且他特别提出了浮士德的拯救问题，因为在那之前，浮士德的结局都是被魔鬼劫往了地狱。

歌德的《浮士德》构思宏伟，结构庞大，时庄时谐，有讽有颂，风格多变，色彩斑驳。它融现实主义与浪漫主义于一炉，将真实的描写与奔放的想象、当代的生活与古代的神话传说杂糅一处，既处处阐发了极为深刻的哲学内容，又时时呈现着极为广泛的尘内尘外生活，还特别善于运用矛盾对比之法安排场面和配置人物，达到了极高的艺术境界。

《浮士德》几乎耗费了歌德毕生的心血，写完它之后，不到 8 个月，歌德在 1832 年 3 月 22 日与世长辞。他最后说的一句话是："给我更多的灯吧。"

德国学者恩斯特·瓦希勒说："《少年维特的烦恼》和《浮士德》最德国。每一个德国人都必须读懂这两本书。"

维也纳城堡剧院院长弗朗茨·丁格尔施泰特更是对《浮士德》崇拜得五体投地，视之为"我们民族的第二部《圣经》"。而浮士德曾被歌德称为"神子"。

1874 年出版的《浮士德》插图

自从《浮士德》第一部分在 1808 年面世之后，古典音乐作曲家们都纷纷以之为自己的音乐创作题材。

歌德对音乐还是有相当认识的。他在家乡法兰克福学会弹钢琴，后来在斯特拉斯堡学会了拉小提琴。

歌德相信人的天性就是音乐宇宙的源泉。“音乐是一切诗所从出和所归宿的真元。”1820 年，歌德还说过这样一句很实在的话来感谢音乐：“我听了音乐之后，工作总是顺利得多。”

在生命中的最后 3 年中，歌德还在研究亨德尔的清唱剧《弥赛亚》《参孙》《犹大·马加比》。据分析，歌德在创作《浮士德》第二部的时候，可能从《弥赛亚》中获得了不少的灵感。

歌德在世之时，也对自己的《浮士德》被音乐化充满了渴望，他认为只有同时具有德意志天性和意大利风格的作曲家才能堪当大任，“那音乐应该和《唐璜》的性格相近。莫扎特该为《浮士德》作曲”。

最早将《浮士德》用到音乐中的尝试有可能是施波尔在 1816 年创作的歌剧《浮士德》。

施波尔 1784 年生于德国的布伦瑞克，1820 年在伦敦以小提琴独奏家的身份首演，曲目是他自己创作的第八协奏曲，结果在英国掀起了一股施波尔热浪。还是在 1820 年，他面对伦敦爱乐乐团站立，从口袋里掏出他的秘密武器即一支小棍子发出了“开始”的提示，人们因而认为，正是从施波尔开始，正式转到了视觉指挥方法。

施波尔像

瓦格纳在 1832 年创作了《歌德的浮士德中的歌曲 7 首》，在 1840 年创作了《浮士德序曲》。

罗伯特·舒曼在 1844 年到 1853 年创作了《歌德浮士德中的场景》。

柏辽兹在 1846 年创作了戏剧配乐《浮士德的沉沦》。

李斯特的《浮士德交响曲》是1854年在魏玛写成并首演。这部交响曲被他加上了这样一个副标题——“据歌德作品而为大型管弦乐队、男高音独唱和男声合唱而写的三幅性格画”。3年之后，他又补写了终曲的尾声合唱。

古诺在1859年创作了歌剧《浮士德》。

意大利作曲家博伊托在1866年到1867年创作了歌剧《梅菲斯特》。

马勒在1906年到1907年的《第八交响曲》将《浮士德》第二部分结尾的场景借用过去，取名为《一切死亡皆为幻象》。

布索尼在1916年到1924年创作了歌剧《浮士德博士》。

安东·鲁宾斯坦在1864年完成的《浮士德》起初是按交响曲写作的，后来交出的是一个单乐章的管弦乐作品。

斯特拉文斯基也创作过有关《浮士德》的音乐曲目。

德国作曲家施尼特凯回忆自己从15岁开始，至少读过五遍托马斯·曼的《浮士德博士》。他在1983年写出《浮士德康塔塔》，1994年完成歌剧《浮士德博士的一生》，都以歌德的《浮士德》为脚本。

.36.

临终特别想看晚霞的席勒

席勒在 1802 年出钱买下的房子建于 1777 年，在后来的漫长岁月中多有朽坏，在二战以后不久被全面整修，并在 1988 年作为席勒博物馆对外开放，门票是 2.5 欧元。

在博物馆二楼尽头的书房里，还摆放着席勒临终前睡的床，席勒妻子夏洛特的房间在一楼，仆人们的睡房则在底楼。

席勒在 1805 年 5 月 9 日就去世了，他在魏玛这座房子里只住了 3 年。在来魏玛定居之前，他住在与魏玛相距 23 公里的耶拿，时间长达 10 年，歌德也曾在耶拿住过 5 年。席勒是 1799 年 12 月 3 日迁居魏玛的，他在耶拿的那座园中小屋则保留为避暑住房。

席勒在大学读的专业是医学，但他的健康状态后来非常糟糕。在他生命的后期，他的剧本稿酬很丰厚，让他第一次摆脱了金钱对他的困扰，但疾病对他的困扰始终存在着。为了与不争气的身体争斗，他也想出了不少怪招，比如，他经常往抽屉里装些烂苹果，让烂苹果的气味弥漫在房间里，他居然觉得它们的气味对他有益，没有那种气味，他就简直不能生活，也不能工作。歌德有一次到席勒家里拜访，发现席勒不在，他就坐在席勒的书桌旁边写点杂记，结果很快就感到恶心，恶心得让他几乎发晕，最后顺藤摸瓜，他这才发现了烂苹果的秘密。所以，他后来对爱克曼表示，自己与席勒在志向上是非常一致的，但在性格上很不相同，这种不同不仅表现在心理方面，也表现在生理方面：“对席勒有益的空气对我却像毒气。”

早在1791年，席勒就有过一次严重的疾病发作，甚至有他已经死亡的流言在各地传布。席勒检视了自己的病体，就预感自己的生命只有几年可以延续。

这一天终于到来了。1805年初夏，在一场娱乐剧的排演中，席勒不幸倒在了地上，在9天的折磨之后，他于5月9日傍晚离世。在头一天傍晚，他还特别想看晚霞，夏洛特为他拉开了窗帘。

席勒的遗体被剖验。魏玛公爵的御医胡斯克在报告里写道：肺部坏死，糊状，结构完全破坏，心脏缺少肌肉组织，胆囊和脾脏大得反常，肾脏组织解体而且完全畸形。面对这样的席勒，见怪不惊的胡斯克也是啧啧称奇，他在报告上添加了一句感叹话：“在这种情况下，人们得感到惊讶，这个可怜人怎能活得如此之久。”

德国当代著名传记作家吕迪格尔·萨弗兰斯基阅读了席勒尸体解剖报告之后，读出了有关席勒理想主义的首个定义——“理想主义是，倘若有人依靠激情的力量，比肉体所允许的时间活得更长。这是个光彩夺目的意志的胜利。”

非常巧的是，席勒在1779年秋天交出的医学博士论文也是研究肉体和精神的关系的。

席勒像

席勒的父亲也当过医生，后来成了符腾堡公国宫廷花园的总管。席勒的母亲是一个小饭店主兼面包师的女儿。席勒于1759年11月10日出生在斯图加特附近的马尔巴赫。

席勒14岁时被卡尔·欧根公爵强行招入他的卡尔军官学校，这所学校实行军事化管理，招收有才华的青年加以培养，毕业后为公国服务，被文学家和音乐家舒巴特称为“奴隶养成所”。

学了一年法学之后，席勒转入新开设的医学专业。虽然管理甚为严格，但狂飙突进运动这类的新思潮还是渗透进了这所军校。席勒读到了克洛普斯托克的《救世主》和卢梭的著作，也读到了克林格尔、歌德等人激情四溢的作品，他也决心走上文学之路。从1776年起，他就开始发表一些抒情诗歌，翌年就暗自写作剧本《强盗》并拿出年收入的四分之三自费出版。

《强盗》将善与恶这两种力量都推向了极端，从而产生了巨大的戏剧和舞台效果。他使用的也是生活化和口语化的语言，他还将谋杀和死亡的场景直接搬上了舞台，给观众造成了极为强烈的冲击力。据当时的报道，那些演出《强盗》的剧院“像一座疯人院，观众席里泪珠滚动，拳头紧握，声嘶力竭！素不相识的人，一边紧紧拥抱，一边激动地抽噎哭泣；很多人激动得近乎昏厥，摇摇晃晃地走向大门”。

《强盗》的声誉鹊起，让席勒成为一些德国人期待的德国莎士比亚，无疑掀起了狂飙突进运动的第二波，然而也招来了卡尔·欧根对他的迫害。席勒不得不东躲西藏。

在走投无路之际，在莱比锡的克里斯蒂安·哥特弗里德·克尔纳和胡贝尔，以及他俩的未婚妻明娜和多拉向席勒伸出援手。

明娜和多拉是两姐妹，她们的父亲施托克是一个铜版画家，曾当过歌德的绘画教师。克尔纳后来成为一个官员和艺术理论家，他在音乐美学史上占有一席之地。他和席勒的通信成为德国文学史上的重要文献。

克尔纳和明娜的儿子卡尔·特奥多尔·克尔纳会多种乐器，从小就希望成为席勒那样的民族诗人。在德意志解放战争中，他担任了吕措的副官，其诗歌《吕措军团勇猛剿猎》由韦伯谱曲，成为著名的战歌。他后来不幸阵亡，其遗作《琴与剑》以高超的诗艺和高昂的爱国主义情感名扬德国。

席勒接到信后，立即出发，不顾旅途困顿和身体虚弱，走了 8 天才到莱比锡，受到四位陌生朋友的热情欢迎和无微不至的招待。

在一个金风送爽的秋日，席勒和他们四人聚在花园里，一棵茂盛的核桃树迎风飘摇，葡萄酒泛射着猩红色的微光。

席勒提议：为了大家的欢聚和健康干杯。

席勒太高兴了！与明娜干杯时，将明娜的杯子碰碎了。红葡萄酒流到第一次使用的锦缎桌布上。已经亢奋不已的席勒跟着喊道："这是一杯祭奠神灵的酒！"接着，席勒将自己手中的酒杯也扔了出去，它被摔得粉碎，碎片越出花园围墙，蹦到碎石路上。伴随着的，是席勒更为热烈的呼唤——"永不分离，永不孤独！让我们经历一个共同的消亡！"

正是在这种无比温暖的友情中，席勒在 1785 年写出了著名的诗歌《欢乐颂》，克里斯蒂安·哥特弗里德·克尔纳首先为之谱曲，而后，许多作曲家为《欢乐颂》写出了上百首曲目，最伟大的那首就是贝多芬的《第九交响曲》。

1787 年 7 月，席勒被卡尔布夫人邀请去到魏玛，见到了赫尔德和维兰德，但没有见到当时正在意大利旅游的歌德。他深为魏玛的文化气息所吸引，为了能在魏玛立足，他暂时中断自己的文学创作，转而专研历史，并在两年之后经歌德推荐受聘为耶拿大学的历史教授。

席勒的历史研究成果斐然。他在 7 年到 8 年时间内写出《三十年战争史》《尼德兰独立史》《通史概要》等史学著作。之后，他将自己对哲学和美学的深刻思考集中表述在《论人的审美教育书简》《论悲剧艺术》当中。

席勒与歌德这两位巨人的赤诚相见是在 1794 年 7 月 20 日，自然研究会那天在耶拿举办报告会，歌德是报告人，席勒是听众。报告结束后，他俩在走廊相遇，交谈极为投机，以至于他们边走边谈，一直谈到了席勒的家中。

在这之前，这两大巨人都有点像“小人”一般，他们彼此都对对方心存芥蒂，甚至怀有敌意。歌德有点倚老卖老，不愿承认席勒的成就，故意摆出一副不屑一顾的姿态。而席勒一方面承认歌德十分伟大，又不能容忍歌德的极端个人主义，所以，他向克尔纳坦露歌德“在我的心中引起一种又爱又恨的混合感情”。

从那时起到席勒去世，席勒与歌德并肩十年，这样长久的合作不仅在德国文学史上，而且在世界文学史也极为罕见。

席勒在魏玛期间，佳作连连，它们是《玛利亚·斯图亚特》《奥尔良的姑娘》《墨西拿的新娘》《威廉·退尔》。他同时还改写过莎士比亚的《麦克白》、歌德的《哀格蒙特》、莱辛的《智者纳旦》、意大利作家戈济的《图兰朵》等。

《威廉·退尔》是席勒在1804年完成的最后一部完整剧作。歌德也曾经尝试写作这一反对异族压迫、争取民族自由的题材。因为还有其他事情要做，歌德没有真正入手写作这个题材，他说他将自己想到的一切都告诉了席勒。

席勒死后被下葬在大众墓地，即使这与他当时就拥有的身份也是完全不相称的。席勒遗骸在1826年进行过迁移，因为墓穴已满，根据惯常的做法必须处理。市长施瓦伯在偶然中得知此事，格外重视，因为他在21年前参与过席勒的安葬事宜。他们在相关地段找出了23个头盖骨，最后认定其中一个就是席勒的，因为它“不论是大小还是高尚规则的造型都非常出众”，应该属于一个高尚之人拥有。当然，后来这块头盖骨经过了三个专家的验证，他们发现其尺寸与席勒去世的面模丝毫不差。席勒的遗骨在1827年年底再次迁葬，移到了头一年落成的侯爵陵墓。歌德的棺椁也在1837年3月26日停放到了席勒身边。

瞻仰歌德和席勒墓的活动始于1882年即歌德逝世50周年纪念日。二战时，纳粹将他俩的棺椁转移到耶拿的一处地下隐蔽所。到了1945年8月才重新放回魏玛。

.37.

以“神形人”赫尔德命名的教堂

魏玛的市教堂又名赫尔德教堂，它建于1498年—1500年，原来的名字是圣彼得和圣保罗教堂，后来采用了在德国文化史上赫赫有名的赫尔德的名字。

赫尔德教堂内部的祭坛画非常具有价值，因为它们出自克拉纳赫父子之手。

老克拉纳赫的声名几乎可以排在伟大的德国画家丢勒、格吕尔瓦尔德之后。他比丢勒小一岁，却比丢勒晚去世25年。他的父亲也是画家，名字叫汉斯·马拉，德语的意思就是“画家汉斯”。

老克拉纳赫在1501年时已经29岁了，他决定去维也纳闯荡。路经丢勒的故乡纽伦堡，目睹了丢勒的画作而大为震惊，他对丢勒既精细又生动有力的画风折服。

在维也纳生活了3年之后，老克拉纳赫渐渐声名鹊起，进入了当地的上层文化圈，其画作也颇具市场。今天在维也纳美景宫里，还可以看到不少他的作品。

1508年，老克拉纳赫被萨克森公爵腓特烈看重，去到了维腾贝格，担任了宫廷画师。后来他与到维腾贝格大学任教的神学教授马丁·路德结为至交，他是路德的大儿子洗礼时的教父，而路德则是他的女儿的教父。老克拉纳赫还以全部的艺术热情为路德及他身边的宗教改革领导人留下了不少传世画像。

老克拉纳赫是多瑙河画派的领袖人物，也是德国最早描绘神话题材的画家，在他的作品中，宗教题材带上世俗的气息，古代神话题材却又带上宫廷趣味。

与德国画家笔下常常散逸出忧郁的气息不同，他的画始终保留着乃至停留在供清新的情感去感知的层面上。

1520 年之后，老克拉纳赫特别喜欢画维纳斯等女神形象，用非常别致的笔法刻画女性的裸体。他似乎是特意将她们的胸部画得欠发达，而其他的部位却被画得十分丰腴，脚面画得很粗大，膝部画得很突出，双腿画得很修长，而面容画得一派憨态。

老克拉纳赫也很善于跨界发展，他不仅和两个儿子一起开设了一所大型的绘画作坊，不停地接受来自各方的订件，还取得了专利权，卖酒，卖药，卖调味品，俨然成了一个富商。

路德死后的第二年即 1547 年，神圣罗马帝国皇帝查理五世打败了支持路德和新教的腓特烈，并将他送到慕尼黑以西的奥格斯堡关押。老克拉纳赫与腓特烈共处了 40 年之久，受恩不浅，一心图报，他主动陪伴腓特烈一起去受难。6 年后双方和解，腓特烈再次出任萨克森的君主，老克拉纳赫也随之到达魏玛。

老克拉纳赫在 1553 年去世时已经是 81 岁的高龄了，他在魏玛住了两年，所以今日魏玛城内还有克拉纳赫故居，就位于市政厅北侧。

1960 年版的 10 马克[①] 纸币以老克拉纳赫绘制的《青年肖像》为设计元素

① 马克：1 马克约为 4 人民币。

赫尔德是1776年10月1日抵达魏玛的。在歌德的帮助下，他担任了魏玛宫廷的牧师，并出任掌管教育和宗教事务的总监。

让·保尔是如此赞颂赫尔德的："充满神灵的人，他的胸膛耸入苍天，只有他的脚才站在大地之上。他不但抓住了认识之树的枝叶，而且抓住了整棵树，他不但摇动了这棵树，而且摇动了大地。""他就是每一个人、每一个民族、每一个世纪的神形人。"

让·保尔是在1796年夏天与赫尔德建立起联系的，当时让·保尔受到魏玛其他大人物的冷遇。两年后的秋天，让·保尔搬来魏玛住了两年，赫尔德的夫人卡洛琳娜像母亲一样关照他。

赫尔德在1744年生于维斯多拉河东岸的小城摩隆，这个地方今日属于波兰。他的祖父是摩隆的织布师傅，也曾担任过摩隆的市长。他的父亲一直协助赫尔德的祖父工作，直到三十而立之时，眼见自己没有希望继承父业，才改行去教堂当了一个打钟人。

中学毕业之后，赫尔德搬到教区执事特雷舍的住所，帮他抄写文章。独身的特雷舍有很多藏书，其中就有莱辛、哈曼和卢梭等人的著作，赫尔德抓住机会，如饥似渴地阅读。

后来，占领摩隆的俄军中的一位军医发现了赫尔德的才华，愿意带他前往柯尼斯堡，帮助他治疗眼瘘病，教他学习外科学，甚至介绍他去圣彼得堡深造。

赫尔德原本想在柯尼斯堡大学学习医学，但第一次上解剖课就晕倒了，因此他改而报考了神学。

赫尔德有幸受到了康德的亲炙，康德对他十分友好，让他免费听自己的课，不过，他感到康德讲课太抽象，太伤脑筋，所以，每次课后，他都赶紧找些诗歌或卢梭作品来读一读。

1764年，在伟大的德国哲学家哈曼的力荐下，赫尔德到里加教会学校任职。他的教学很受欢迎，也很快被讲德语的上层社会所接纳。

1769年6月5日傍晚，在密友伯伦斯陪同下，赫尔德搭乘一艘帆船启程，离开了里加。他要像使徒和哲学家一样，走向世界，"为的是看一看这个世界，为的是从更多的方面认识这个世界，并使自己更有作为。”

有一种算法，就是将赫尔德的这次启程算作德国浪漫主义运动的开始。

在法国南特滞留4个月期间，赫尔德用狂飙运动的精神写出了《1769年游记》。《1769年游记》被称作“狂飙突进的大宪章”，不仅改变了赫尔德的思想轨道，也为10年的狂飙突进运动和其后勃勃生长的古典文学和浪漫派预定了条件。

赫尔德像

1773年5月，赫尔德与卡洛琳娜在法兰克福以南的达姆斯塔特成婚。婚后，赫尔德应爱妻的要求，前往斯特拉斯堡治疗他的眼瘘病顽疾。

虽然斯特拉斯堡被他称为一个他经历过的极其可悲、极其不舒服的地方，但是，他与歌德在城中的邂逅，却对德国文学史和思想史产生了极为重要的影响。

从1771年到1776年，赫尔德都在比克堡担任宗教法庭顾问，直到和他交往甚深的女伯爵玛丽亚去世。《论语言的起源》《人类最古老的文献》等名著诞生于这期间。而他与歌德合作《论德国人的性格和艺术》在1773年发表，则阐述了狂飙突进文学运动的美学纲领和文艺观点，就此在德国展开了一场浩大的文学运动。

当赫尔德到了魏玛以后，他的创作生涯进入了一个新时期，但兴趣却转向了对斯宾诺莎主义的研究和自然科学研究。

赫尔德的晚年颇为凄凉。从1779年开始，他和歌德的关系就变得十分紧张，因为他一方面过分自信，却几乎是无人问津，另一方面又看不惯歌德的青云直上，认为只要上帝高兴，歌德不久就会成为总揽一切的人物。他与歌德在对法国大革命的认识上也出现了严重分歧。他与席勒的关系也十分糟糕。席勒因为赫尔德攻击康德、攻击歌德和自己的文学创作而非常讨厌他。最后，很多浪漫主义者都与赫尔德疏远了，反过来，他也对当时整个德国的诗歌界和哲学界充满了仇恨。

在病倒前几个星期，赫尔德还常常念念有词：“啊，如果我能有一个新的、伟大的思想多好呀！它贯通我的心灵，给我的心灵以欢乐，那我马上就能好起来。”

赫尔德的墓碑上刻有一条首尾衔接的蛇，用来象征永恒，圆内刻着字母“AO”，意为“从上帝到上帝”，圆外刻着他心爱的一句话：“光明、仁爱、生命。”

赫尔德教堂

.38.

设计领域的先锋骑士包豪斯

设计领域的先锋骑士包豪斯是在魏玛诞生和成长起来的，位于剧院广场的包豪斯博物馆就充分展示了从 1919 年到 1925 年间包豪斯在魏玛时期的历史，并陈设了大约 500 件包豪斯作品。门票是 4 欧元。

作为现代设计的零起点，包豪斯之名今日可谓是无人不知。我们生活中遭遇到的许许多多的设施和日用品，从整栋建筑到建筑里的一张椅子、一盏台灯，它们的设计都可能从包豪斯开始的革新那里找到最初的源流。

梳理德国造产品的发展历程，包豪斯也可以被视为它的第二次跃升。

它的第一次跃升完成于 19 世纪后期。在那之前，德国的工业化还处于初生牛犊的阶段，拥有的是劳动力廉价的优势，出口的产品却在质量上乏善可陈。这种状况导致德国人在 1886 年去美国费城参加世博会时丢尽了脸面，评委会给德国产品下的评语是“价格便宜，质量低劣”。跟着在 1887 年，鉴于许多外国进口产品以价格优势冲击了英国消费市场而后又以其低劣质量让消费者吃尽苦头，英国立法规定各国商品必须标明产地，以这种方法来方便国人区别英国的优质产品和外国的劣质产品。从那时候起，德国人不得不在产品质量上下狠功夫了。他们掀起了真抓实干的提高质量的运动，几十年之后，就彻底扭转了尴尬局面，甚至是从一个负面的极端走向了一个正面的极端，人们似乎对“德国造”不加思索地予以接受和崇拜。

作为德国产品制造历史的第二次跃升，包豪斯可以应运而生的因素是多方面的。

首先，机器在社会生产中的主导地位已经基本确立，要么成为机器的主人，要么成为机器的奴隶，是摆在人们面前的重大问题。其次，是怎样处理美术和工艺的关系问题。在包豪斯创始人格罗庇乌斯看来，艺术从文艺复兴时期就开始衰退了，因为画家和雕塑家为了追求更高的社会地位，开始疏远与工艺之间的传统联系，艺术家和设计师开始分立。他希望在包豪斯通过“缪斯运动”和“异花授粉”来实现各家之融合，取消艺术和设计之间的藩篱，造就“全能造型艺术家”。

为了适应新的工业经济发展对设计提出的要求，英国早在 1837 年就成立了公立的试验性设计学校。德意志制造联盟在 1907 年的成立，也掀开了德国工业设计革新的序幕。到了 1914 年，德国也有 81 所专门机构从事各种各样的艺术教育，其中 63 所开有工艺系。

德意志制造联盟成立的时候，德国的产品设计依然流行着历史主义风格，比如每一台缝纫机上都带着德国皇帝的肖像，住宅被舞台式的布景装饰着。德意志制造联盟以之为时弊，积极宣传实用主义风格与建立在工业产品基础之上的美学。

德意志制造联盟的主要领导者有一位是比利时人维尔德，他在 1906 年就考虑设计的革新应当从教育着手，还前往魏玛寻求理解和支持，结果被大公任命为艺术顾问，在他的倡导下，市立美术学校被改建成萨克森大公艺术与工艺学校，维尔德亲任校长。

当自己的祖国在一战时向德国宣战后，他不得不离开魏玛回国。他推荐了 3 个继任自己职位的候选人，结果是格罗庇乌斯幸运入选。

格罗庇乌斯是建筑和设计领域的风云人物，也是被称为“文艺女神”的阿尔玛的第二任丈夫。

马勒还在世的时候，阿尔玛就因为和马勒的夫妻关系很不融洽而伤心，格罗庇乌斯给予了她非常大的同情和安慰。

马勒死后，阿尔玛投入了格罗庇乌斯的怀抱，他俩的女儿曼侬十分可爱，可是却在十多岁的时候不幸病亡，著名作曲家贝尔格为此创作了小提琴协奏曲，别名《纪念一个天使》。

1883 年 5 月 18 日，格罗庇乌斯生于柏林。其父是一名建筑师，其祖父则是一名较为有名的画家，还与当时最著名的建筑界名流申克尔是好友，而其叔父则设计了柏林的工艺美术博物馆。

格罗庇乌斯在柏林和慕尼黑学习建筑，获得学位后，到贝伦斯的设计事务所工作了三年。一战爆发之后，格罗庇乌斯加入了骑兵，在西线作战，两次获得铁十字勋章，又受过重伤，直到 1918 年秋天才获准复员。

格罗庇乌斯对自己到任后的计划是 1916 年 1 月交给魏玛当局的。当时的萨克森大公艺术与工艺学校尚在关闭之中，它的校舍被军方征用去做了后备医院，具有先见之明的格罗庇乌斯全心全意地设想着为魏玛注入一种全新的艺术生命力，他建议魏玛当局开办一所新型的设计院校，以期拯救在工业化批量生产中濒临消亡的传统手工艺。学校要试图改善工业产品的非人化问题，提供生活用品的艺术水平，学校应当与工业生产关系密切，课程也按工业生产的目的安排，学生要到工厂实习。

1919 年 3 月 16 日，魏玛政府内务大臣弗里希任命格罗庇乌斯为萨克森大公艺术与工艺学校和萨克森大公美术学院的校长，4 天之后，大公又同意将两校合并，成立国立包豪斯。

包豪斯就这样诞生在了魏玛，并在魏玛度过了自己的前 6 年时光。

包豪斯（bauhaus）之名由格罗庇乌斯所创，将德语的“房屋建筑”一词颠倒而来。在德语里，“bau”是建筑之义，“haus”是房屋之义。其次，“bau”还能让人联想到“bauen”，它的意思是种植植物，当然寄托了格罗庇乌斯希望这个新的教育机构日后茁壮成长的美好期望。还有，让人容易联想到的“bauhutten”的意思是中世纪时建筑工人与装潢师的行业协会。日后，格罗庇乌斯在教学中也经常以中世纪手工业生产行会中建筑师、设计师、工匠和艺术家同心协力建造教堂的方式来倡导大家具有集体精神。

《魏玛国立包豪斯纲领》宣布了包豪斯的目标：包豪斯向着统一一切艺术创造的目标而努力，向着新建筑以及作为它不可分割的组成部分——

雕塑、绘画、工艺、手工劳动重新统一的目标而努力。纵然遥远，但作为包豪斯的最终目标，是永远不朽的艺术和装饰艺术两者无区别的统一的艺术——大建筑艺术。

1926年，包豪斯对自己的名字稍加变易，成了“包豪斯设计学院”，但其具体教育内容所涉及的一直涵盖了当时所有现代设计的领域，如建筑和产品设计、服装、戏剧舞台设计、平面印刷设计、广告设计等。它的教育科目设置了木工、陶瓷、金工、编织、印刷、戏剧、建筑、玻璃工艺等，还有音乐、舞蹈、诗歌等派对活动，力求对学生进行综合性的教育。

包豪斯的入学条件是：经包豪斯师傅确认，只要基础良好、品行端正，无论何人，不管其性别与年龄都可入学，每年学费180马克，第一次必须另缴纳入学金20马克。

包豪斯创建之初，整个国家的社会经济状态都非常恶劣，它自己的生存环境也遇到了许多挑战。政府租了7000平方米的城边土地给学校，他们自己用来搞菜园子。许多学生囊中羞涩，格罗庇乌斯筹到一些钱，去批发来一些裤子和鞋子分给他们。对一些贫困学生，也通过募集来的钱，为他们开办起免费餐。大多数的教员住在客栈，而大多数学生则住在青年旅店。

在创建初期，学生要先进行半年的预科教学，教授基础课程，其中担任艺术造型课程的教师称形式大师，担任技术、手工艺制作课程的工匠称“作坊大师”或技术大师。这半年的学生只是“学徒工”的身份。

第二个阶段是为期3年的技术教学，学生要在各个作坊实习，使自己兼具艺术和技术能力。合格通过了这一阶段的学生获得“匠师”证书。

第三阶段是设计教学，有培养前途的学生留校接受房屋构造和设计理论的训练，结业后就能获得“建筑师”的称号。

到包豪斯任教的人员，后期吸纳了许多包豪斯自己的优秀毕业生。而在早期，是由不少后来被历史证明是杰出人物的画家、雕塑家和建筑师担任的。画家基本上出自抽象主义画派，如康定斯基和克利。

1924年，魏玛所在的图林根州议会的大多数席位被右翼民族主义势力获得，他们开始执行鼓励民族主义风格和偏好滥情的通俗艺术风格，包豪斯前卫的、抽象主义的风格成为他们的肉中刺和眼中钉。鉴于政府很快就减少了对包豪斯的补助并宣布将不再同教师续签工作合同，包豪斯的魏玛时期结束了。

包豪斯在 1925 年搬去了德绍，苦撑到了 1932 年，最后被已经改由纳粹势力控制的德绍市议会决定解散。

1919 年和 1921 年的包豪斯图章

包豪斯的教员和学生就此作鸟兽散，许多人流走美国。格罗庇乌斯在 1937 年流亡到美国，出任了哈佛大学建筑系的教授，最后于 1969 年在波士顿逝世。

到达美国的包豪斯人以美国强大的经济能力为依托，在后来发展出国际主义这种新的风格。而在德国国内，包豪斯的学生马克斯·比尔于二战后在乌尔姆创办乌尔姆造型学院，其最主要特征是将设计以前在艺术和技术之间摇摆不定的立场坚决地转移到科技的基础之上，但在初期它沿用了包豪斯的办学模式，聘请的老师也和包豪斯有很多关联，到五六十年代成为影响最大的设计院校。

包豪斯存在的 14 年时间里，共有学员 1250 名，同时在校就读的学生平均只有百人左右。但它在理念与设计两个方面都奠定了欧洲现代设计教育的体系和原则。包豪斯的创新之旅强有力地显示出机器的效率和艺术的意味的联合，创造了一种全新的、真实的现代艺术。

.39.

容留尼采生命残光的尼采档案馆

尼采档案馆坐落的地方可以说是魏玛郊外了，离火车总站的距离将近 3 公里。去往档案馆的最后一段路是洪堡大街，它还是一个一直向上而行的缓坡，所以，能徒步走到尼采档案馆的人应该都是对尼采足够尊敬的人。而在尼采档案馆附近路边种植的松树显得特别精神，仿佛着意要为尼采和来看尼采的人增添某种严正气氛。

尼采档案馆 11 点才开门，门票是 3.5 欧元。

尼采生命中的最后 3 年是在这个地点度过的。

尼采很早就病退了。因为身体健康的原因，他在 1879 年夏天向巴塞尔大学提出辞职请求，巴塞尔大学待尼采不薄，接受了辞职请求，并给予尼采每年 3000 法郎的退休金。尼采也从这一年开始了漫游生活。

在同年 9 月 11 日，尼采大发感叹：我已经快过 35 岁了。这正是但丁在诗歌中吟诵的最富想象力的年龄。此刻，我正当这个人生的中年，而且从各个方面看，我忍受着死亡如此沉重的压迫，以至于在任何时刻死神都很有可能将我带走。

尼采像

尼采这种“内心巨大的悲痛”肯定是包含着他对自己身体疾病的感受的。他在 1870 年进行战地救护时就首次出现头痛的危险迹象，后来又出现了周期性的反复，剧烈疼痛并且恶心。

尼采的病症很多，还有眼睛半盲、胃病、神经衰弱、非常容易激动等等。他认为这些病症来源于遗传，他的父亲当年也经历了同样的痛楚。

正是被疾病所逼迫，尼采不得不特别关注身体的健康问题。在其自传《瞧，这个人》的开头许多页里，他都在大谈特谈养生之道，介绍和传授他自己的饮食经验，婆婆妈妈的，稀奇古怪的。

作为一个病人，尼采早就做好了迎接死亡的准备。不过，他最想等待的是“在痉挛之中的快速死亡”。不过，事与愿违，他的死亡过程可以说很漫长，如果那种“本质上的死亡”应该从他精神分裂开始算起的话。

尼采是 1889 年 1 月 7 日开始疯的，他摔倒在了意大利都灵的街头。他当时想要上前去保护拉车的马，为了保护它不受车夫的鞭打。

他的密友、著名的文化史专家布克哈特收到信息后，让他们共同的朋友欧文贝克细心照料尼采。

欧文贝克即刻赶到都灵，他看到尼采“这个语言表达方面不可比拟的大师，甚至只能以最为低俗的方式或者滑稽的舞蹈和蹦跳，来表达他那兴高采烈的着迷”。

欧文贝克将尼采带回了巴塞尔，送进了精神病院。后来尼采的母亲来了，又将儿子带到耶拿的精神病医院。

到了这个地步，还能始终爱尼采的，只有他的母亲和他的妹妹了。

在思想上，尼采的母亲是无法理解儿子的。尼采曾反复对母亲说：“你不要去管我的作品说什么，甚至不要去读，因为它们并不是为你写的。”可是爱子心切的母亲有着强烈的好奇心，总是一次次地去读儿子的著作，当然也一次次地产生了不满的情绪。

尼采的母亲于 1897 年复活节去世之后，从巴拉圭回来的妹妹伊丽莎白带着尼采一起移居到了魏玛。

早在 1894 年，伊丽莎白就在尼采的故乡瑙姆堡创建了尼采档案馆，两年后，当她发现魏玛为歌德和希勒建立了档案馆之后，也将尼采档案馆搬到了魏玛。不久之后，一个来自瑞士的尼采崇拜者为尼采兄妹在魏玛购买了一座带有花园的豪宅。

据说当他们进驻红砖墙、石板瓦屋顶的豪宅时，尼采大声叫喊："宫殿！宫殿！"也许是他在简陋的农舍、狭窄的阁楼和医院的病房住得过久的原因吧，所以他对一生中最后的居所感到非常激动。

因为感冒发烧，并伴有肺炎的并发症，尼采最后于 1900 年 8 月 25 日在魏玛离世。

尼采去世 3 年后，这座豪宅就成了意义非凡的档案馆。门厅和一楼被凡德罗彻底改造，凡德罗是来自比利时的著名设计家，1930 年出任了包豪斯最后一任掌门人。他设计的家具由山毛榉木材和黄铜配件制成，几乎都完好保存了下来，至今还摆放在档案馆内。

尼采档案馆内的尼采半身像比真人还大，是德国新艺术运动的雕塑家马克斯·克林格尔制作的。

克林格尔是德国象征主义画家和雕塑家，是 19 世纪象征主义和 20 世纪超现实主义运动之间承前启后的重要代表，第 22369 号小行星就是以他

尼采档案馆

的名字命名的。

克林格尔曾为维也纳分离派在1902年举办的第14次展览创作了著名的贝多芬塑像。他将贝多芬塑得像一个普罗米修斯一般，当时去参观的人流都涌到了那尊塑像前面，像被催了眠一样。

克林格尔在此将尼采的神情刻画得严肃而坚定，富有一种超然理智与自律精神。

档案馆还摆放了一尊体积不大的青铜塑像，塑造了病恹恹的尼采倚靠在椅子上的形象，它是雕刻家阿诺德·克雷默1898年的创作。克雷默在档案馆学习了一段时间，并和行动不便的尼采有过交流。

在一个玻璃盒子中，放着尼采死后的面模和他在波恩大学学习期间戴过的“法兰克尼亚”帽子。

尼采使用过的盲人打字机也被玻璃密封着展出，其通体还被保养得黄光灿灿的。

海德格尔在《巴门尼德》一文中写道：“打字机改变了存在与人之本质的关系。”当尼采35岁时就是一个半盲之人了，他想要一台专门为盲人设计的打字机，于是与哥本哈根的打字机制造商汉森一直保持联络。汉森在1867年就发明了那种打字机。尼采是在1881年收到一台的，使用了一年之后，他就大发感慨道：“我们的书写工具作用于我们的思想。”

Part 9

瑙姆堡

.40.

尼采的故乡

尼采死在魏玛，生在瑙姆堡，魏玛现在属于图林根州，瑙姆堡属于萨克森—安哈尔特州，但两个地方挨得极近，从魏玛可以坐 RE16、RE17 和 RB20 东去瑙姆堡，其中只有 4 个站。

瑙姆堡人口为 3.2 万人，火车站也设在了郊区。去往城内还有 2 公里的距离。

圣伯多禄及圣保罗主教堂是瑙姆堡最大的名胜，作为德国哥特式教堂建筑的一个典范，它的门票是 6.5 欧元。在德国，教堂免费开放是原则，收费是例外。那些寥寥无几的收费教堂必有其独绝之处。

圣伯多禄及圣保罗主教堂的建造日期不晚于 1213 年。最早的建筑包括后罗马风格的东唱诗班教坛、十字翼部和教堂主体。西唱诗班教坛的风格已经是早期哥特式，建造于 13 世纪中期。东唱诗班的改造在 1330 年完成，转为了新的哥特式风格。位于东北部的塔楼建造于 15 世纪，而位于西南部的塔楼是 1894 年才建造的。后罗马式的主门建于 13 世纪，门楣中心描绘着被天使托起的耶稣。建于 14 世纪中期的主祭坛却是从另一处祭坛迁移过来的。

有 12 尊塑像是关于建造这个教堂的施主的，其中最著名的两尊塑像是马格拉夫·埃克哈德和他的妻子尤塔，他俩的雕像就竖立在西唱诗班所在区域的墙上。尤塔已经成为德国人心中的一个偶像，在瑙姆堡到处都可以买到印有她慈善面容的纪念品。

这个主教堂的空间结构极为繁复，其内部空间被多重细分，既有水平方向的细分，也有垂直方向的细分，尤其是在垂直方向的细分非常大胆，形成一个很大的戏台式效果，整个地给人一种大室小室相套、直道与曲径相汇的感觉。

尼采曾经写下这样一段感受德意志性的独绝文字：“德意志人的灵魂首先是多重性的、多源头的、混合重叠的，而不是实实在在地建立起来的，这是由于它的起源：德意志民族是多种族民的最特殊的混合，也许其占优势的甚至是雅利安人之前的种族成分。因此，德意志人比起其他民族来，对他们自己就更为不可捉摸，更为复杂，更为矛盾，更为不可知，更难预测，更令人吃惊，甚至更为可怕。”“德意志人的灵魂中有一些通道和长廊，带有各种洞穴、掩体和地牢；它的杂乱无章具有神秘之美；德意志人很熟悉通向混乱的僻径。正如每个人都爱好自己的象征一样，德意志人爱好浮云和一切模糊的、发展变化的、朦胧的、不引人注意的和隐藏着的事物；对他来说，似乎凡是不稳定的、不成熟的、自行转移的和成长着的东西都是‘深邃’的。德意志自己并不存在，他处于形成之中，他在发展他自己。”

这种对德意志性“多重性的、多源头的、混合重叠的”的表述，涉及“一些通道和长廊，带有各种洞穴、掩体和地牢”的形容，很可能就是尼采从家乡的这座教堂的空间结构得到的启发。

尼采 1844 年 10 月出生在萨克森地区的勒肯，当他那身为新教牧师的父亲在 1849 年去世后，他的母亲带着他和他的妹妹伊丽莎白迁到了瑙姆堡。

尼采故居所在的 Wingarten18 号位于旧城的最边缘处，在其旁加建了部分现代风格的建筑，形成尼采纪念馆。门票是 1.5 欧元。

去往尼采故居的路上，还可以看见为尼采树立的雕像。它能够让人想到茨威格描绘发疯后的尼采的文字，那时，他被带回了瑙姆堡，他的母亲还可以照料他。“于是，人们有时就见到一位老太太带领着病人穿街过巷，仿佛他是一只大笨熊似的，作远程的散步。为了让他的精神有所寄托，她不断地念诗给他听，他毫无表情地听着；她灵活地领着他在好奇地凝视他的人们身边、在他厌恶的马匹身边走过。……让他坐在钢琴旁边，这心不在焉的人就会在那儿一连几个小时天马行空式地即兴演奏，她让他尽兴地弹，只是不让他演奏瓦格纳的作品。”“现在，荣誉找上门来，陌生的人远道跋涉，朝圣般地来到瑙姆堡，在世时对他误解的朋友们也前来拜访，但都是徒劳的——为时已晚。他什么都不认识了；像一头临死的狮子，威风凛凛，叫人望而生畏，却以失神的眼睛呆看着亲友们。”

瑙姆堡圣伯多禄及圣保罗教堂外观

Part 10
柏林

.41.

德语歌剧的圣殿德意志歌剧院

既然以前“条条大路通罗马”，现在更是“条条大路通柏林”，甚至从深处哈尔茨山腹地的韦尼格罗德去往柏林，也相当方便。

从韦尼格罗德坐 RE 车到哈尔伯斯塔特，再从那里坐去马格德堡，从马格德堡再去柏林的车就太多了。整个过程用时 3 个多小时。

法国作家斯塔尔夫人曾经定义“德意志民族是诗人和思想家的民族”，其实，还有一个定义是必不可少的，那就是“德意志民族是音乐性的民族”。去德国或奥地利游历，不去听场音乐会或视听一场歌剧，真的算不上一个标准的或正宗的德国游历。

而今的网络特别方便，可以事先在网上查阅德国各个音乐演出场所的信息并购票。比如，德意志歌剧院在 2019 年 5 月 4 日 19 点开始演出《漂泊的荷兰人》，在 2019 年 5 月 5 日 17 点开始演出《唐豪塞》，在 2020 年 5 月 17 日演出《帕西法尔》。

德意志歌剧院坐落在柏林西部的俾斯麦大街 35 号。德语的表示是“Deutsches Opernhaus”。

坐火车到柏林，可在动物园站下车。在那里坐 U2 车，往西的第二个站就是德意志歌剧院站。

U2 车可以作为在柏林游历的主要交通工具。它行驶在西端的 Ruhleben 和东端的 Pankow 之间，途中经过动物园站、门德尔松公园站、波茨坦广场站、博物馆站、亚历山大广场站等站，去主要的名胜景点都极为便捷。

德意志歌剧院一带的商店，无论是吃的、喝的，还是超市，往往都要沾歌剧院的光，连店名也要带上个“Oper”。Ibis 连锁酒店离歌剧院大概有 300 米远，也特别叫自己是“剧院旁的 Ibis”。

德意志歌剧院成立于 1919 年，一成立就面临魏玛共和国时期的政治动荡和经济萧条。在更换了数个东家之后，于 1925 年被柏林市政府收购，更名为市政歌剧院。

歌剧院跟着请来海因茨·蒂钦担任总经理，请来布鲁诺·瓦尔特担任音乐总监，很快就收到良效。

蒂钦出生在摩洛哥，父亲是德国外交官，母亲具有英国血统，也许是有些遗传因素吧，他特别善于处理人际关系。当然，他也是一个很有水平的音乐行家，来柏林前是布雷斯劳剧院的指挥和导演。在市立剧院，他有一次救场指挥了瓦格纳的乐剧《齐格弗里德》，展现出惊人的技艺。他有时还去拜罗伊特音乐节担任指挥，甚至与温妮弗里德一起管理音乐节。

布鲁诺·瓦尔特在 1876 年生于德国柏林一个犹太中产阶级家庭，8 岁进入柏林斯特恩音乐学校学习，以“小莫扎特”见称。出生时的姓名是布鲁诺·施莱辛格，1896 年 2 月更名为布鲁诺·瓦尔特，因为他喜欢《纽伦堡的工匠歌手》中的瓦尔特。

因为受到彪罗的影响，瓦尔特后来改行当指挥家。16 岁的时候，他就作为学生指挥过柏林爱乐乐团。1894 年 3 月，他以歌剧指挥身份在科隆歌剧院首次登台，指挥洛尔青的《军械士》。同年秋季，他在汉堡歌剧院结识了马勒，后来与马勒在维也纳国家歌剧院有过 11 年的合作，促成了他一生中最重要的艺术体验。

瓦尔特是一个理想主义的不懈捍卫者，面对世纪交替间的风云变化，他始终坚信：“尽管缪斯们在今日似乎筋疲力尽，尽管灵魂的寒秋暂停了开花结实，尽管如今的一代人将才能和努力献给了物质和技术，尽管我们时代的精神气象已如沧海变桑田，我之信念依然告诉我：人类的天赋将渡过这瘟疫时期，并在崇高的春天哺育出精神和道德的力量时重焕生机。”

瓦尔特也是一个神秘主义的信奉者，特别相信空间和物体可以产生一种魔力，它们的形状、位置和原材料都表现着艺术精神，散发出神奇的感召力，渐渐地，它们会因此历史沿革已经越来越丰富的联想而产生蜕变，凭借自身获得象征的力量。即使在最理性的现实当中，物质的东西常常变得很夸张，从混沌的“存在”变成“意义”重大的圣物。所以，他特别夸奖被茨威格收藏在萨尔茨堡家里的一张木头书桌，那是贝多芬生前使用过的，看上去没有什么特别之处，但它激起了一股势不可当的想象、描述、记忆、思索以及伤感的狂流。

正因为如此，瓦尔特对德意志歌剧院的第一印象很不好，在他看来，“市立剧院一开始就是所有剧院中吸引力最小的一座”。他首先不满意其建筑，因为它尽管端庄却缺乏灵感，当然，短暂的历史也不可能产生什么大事件的记忆来美化其丑陋的观众席，无法让走进剧院的人们抛开身后乏味的现实。

不过，瓦尔特还是很快将自己的情绪调整了过来，积极投身到构建培育新的歌剧机构的大任当中。德意志剧院除了将不少 19 世纪鲜为人知的歌剧搬上舞台之外，还积极推出了不少在 20 世纪诞生的新剧目。

瓦尔特在德意志歌剧院待了四年，期间柏林市长还设宴为他庆贺 50 华诞。

他在德意志歌剧院的第一场指挥选中了瓦格纳的《纽伦堡的工匠歌手》，最后一场选中的是贝多芬的《费德里奥》。

可惜的是，还没有好好地用上 30 年，德意志歌剧院就遭遇连连厄运。1943 年 11 月 23 日，它被盟军空袭炸得不成样子。次年 1 月 30 日，歌剧院的办公地点也被炸毁。

二战结束后几个月，盟军和柏林市政府达成一致，同意在俾斯麦大街原址重建德意志歌剧院。在新院建成之前，歌剧院借用西方剧场上演音乐会，并将其作为临时驻扎地。

在艰难的过渡时期，来自匈牙利的著名指挥家弗伦茨·弗里柴于 1948 年到 1952 年担任了音乐总监，他邀请到当时德国首屈一指的歌唱家如迪斯考、伊丽莎白·格吕莫、约瑟夫·格兰德尔来德意志歌剧院演出。也是在他的建议下，剧院最后定名为“德意志歌剧院”。

1961年9月24日，由弗里茨·伯恩曼设计的德意志歌剧院新建筑揭幕，演出了莫扎特的《唐璜》。

俾斯麦大街又长又宽，站在德意志歌剧院所在的路段往东看去，胜利纪念柱几乎处于视点灭失处，但它反射出的金色光芒还是非常醒目。而面前的德意志歌剧院却毫不惹眼。它虽然体积庞然，但临街的一面在垂直方向并不显得高大，并以实板的混凝土大墙形象示人，更没有剧院建筑前通常会有的或大或小的广场来引导人流，剧院大门的人行道最多也就6米左右的样子，从这里经过，不仔细打量，可能根本不相信它就是德意志歌剧院之所在。

当年的战火毁掉了剧院的大部分，但舞台却幸存了下来，建筑设计的重任就要用一个新的观众大厅与原来的旧舞台天衣无缝地衔接起来。伯恩曼继承了包豪斯主义的遗风，无论是外部建筑还是内部陈设都极为简洁明快，街面墙上甚至少有窗户，这些做法都是为了让音乐的需要尤其是声学效果在歌剧院内占绝对统治地位。

由于再向大街一面拓展空间已属不可能之事，伯恩曼索性将思路止于临街的那个南面，而把剧院的东西两侧全部打开，将楼梯间挪到靠近打开的侧立面处，解决了观众厅深度不足的问题。对于位于前厅的巨大墙面，则不加任何装饰，一律涂以深色，并在墙前布置精心选择的艺术品，从而使墙面产生了一种别具一格的艺术效果。

剧院的观众大厅有1900个座位，其中一层池座有1200个，两层楼座分别有365个座位和335个座位。舞台的体积很大，主台宽28米，深20米，后舞台宽21米，深21米。

德意志歌剧院的保留剧目库是世界上最大的，有80部左右。除了在七八月间休整几个星期外，其余时间里的每一天都演出各种不同的剧目。

作为德语歌剧的至高殿堂，德意志歌剧院自开张以来就被奉为人民的剧院，能够在此亮相的指挥家、乐团和歌唱家都是世界一流的。

意大利指挥家朱塞佩·西诺波利是极少数在指挥台上殉职的指挥家之

一。他是由医学博士转行当指挥的，其指挥风格严谨而考究，颇得人心。西诺波利生前就是德意志歌剧院的常客。2001 年 4 月 20 日，正是在德意志歌剧院指挥《阿依达》的时候，他突然晕倒在地，因心脏病发作不治身亡，演出因此中断。

.42.

蒂勒曼的“瓦格纳人生”

德意志歌剧院对德语歌剧的阐释向来都具有权威性。到了克里斯蒂安·蒂勒曼担任德意志歌剧院音乐总监一职的时候，他独尊德意志歌剧的言行还在社会上掀起了不小的震荡。

克里斯蒂安·蒂勒曼在1959年生于柏林，身高1.9米，非常魁伟，指挥风格又偏向严肃，人们爱以“大熊”称之。他没有公开的异性伴侣，当他旅行时，总是带着自己的母亲。一位长期与他共事的前同事形容他是“地球上最不快乐的人”。

蒂勒曼19岁时就开始指挥生涯，当时他在柏林国立歌剧院担任乐队助理指挥，同时为卡拉扬当助手。当他2004年辞去德意志歌剧院的职务之后，又执掌了慕尼黑爱乐乐团、德累斯顿歌剧院等著名乐团和剧院。自2010年起，他开始指挥一档全新的新年音乐会即“德累斯顿除夕新年音乐会”，时间定在12月31日，曲目大多为德奥系的通俗歌剧选段。维也纳爱乐乐团邀请他指挥了2019年的维也纳新年音乐会。

作为德意志歌剧院历史上第一位生于柏林、长在柏林的首席指挥，蒂勒曼的音乐取向一直遭受非难。

蒂勒曼始终相信：只有一只德国式的耳朵，才能响应德国音乐的崇高。他执着于德国音乐，几乎不指挥其他国家的音乐作品，被视为盲目的谨慎与过分保守。他对当代文化不感兴趣，他最深沉的信念都奉献给了贝多芬、瓦格纳、布鲁克纳等伟大的德国作曲家。当他排演作曲家普菲茨纳的歌剧《帕莱斯特里纳》时，被指责为“带有反犹倾向”。

对外界的质疑和抨击，蒂勒曼说：“我企图尊重一切事实。”“从没有哪件事情是彻底错误的。历史上曾有黑暗的时刻，但也曾有闪光的地方。”“我对作曲家吃了什么、他们的政治信念是什么，没有任何兴趣。音乐不会因为一个人的道德境界高于另一个人而注定更好。”

蒂勒曼被一些乐评家们斥为“盲目爱国”，当他们建议蒂勒曼放弃德国作品的时候，他却一笑了之：“如果有一个俄国指挥家指挥俄国作品，没人说一个不字。为什么却对一位德国指挥家指挥德国作品说三道四？”

蒂勒曼对瓦格纳颇有心得，2000 年首次在拜罗伊特音乐节登台，指挥了《纽伦堡的工匠歌手》，次年又指挥了《帕西法尔》，最后在拜罗伊特将瓦格纳的能够在拜罗伊特演出的乐剧都给指挥了。

蒂勒曼极为崇拜瓦格纳，他认为：瓦格纳在浪漫与现代之间，在神话故事和精神分析之间找到了平衡。瓦格纳是最后一批真正寻求超自然的人，也是第一批深深触动我们潜意识和无意识思维的人。

蒂勒曼一方面确信瓦格纳走向了极端，其音乐戏剧中充满了谋杀和暴力，以及乱伦、复仇、背叛、淫秽、色情，都不是什么好东西。另一方面，蒂勒曼也指出：在经历过瓦格纳之后，我们回到家里，会觉得自己更坚强。我们将自己的恐惧投射到沃坦和他的同伴身上，我们懂得了生活是如何让人筋疲力尽。在瓦格纳的作品里，生活总是要继续。

蒂勒曼已经牢固地为自己树立起瓦格纳权威的地位，他和记者克里斯蒂·莱姆克—马特维在拜罗伊特有过一次长谈。谈话的内容后来被整理为《我的瓦格纳人生》出版。

在书中，蒂勒曼带领读者全景式地领略了瓦格纳的世界：瓦格纳的个人奋斗史，与德国意识形态的渊源及后果，拜罗伊特音乐王国的建立与维护，各代瓦格纳家族、乐队、指挥的风格与成就，每部瓦格纳歌剧的特点和地位、各个时期瓦格纳歌剧的录音版本评价、在拜罗伊特节日剧院与其他歌剧院指挥瓦格纳歌剧存在的差异……

按照蒂勒曼的理解，汤豪塞就像瓦格纳——也许像所有的男人一样——在太阳神与酒神、肉体之爱与精神之爱、情欲之爱与圣洁之爱之间摇摆不定。当《汤豪塞》中的主角男高音被公认为瓦格纳所有作品中最难演唱的男高音时，他也认同这一观点。

在瓦格纳 1845 年首演的《汤豪塞》中，汤豪塞是一个德国游吟骑士，他闯入了古罗马神话中司春、司美、司爱女神维纳斯的王国。在维纳斯山，他享尽了声色之乐，但心灵却无法平静，最后他渴望回到人间。维纳斯在激怒中向人间的一切发出了诅咒，并且预言说汤豪塞决不会得到幸福，他最终还是要回到她的身旁。

汤豪塞如愿以偿地回到了自己的家乡，并参加了在瓦特堡举行的以“爱情的力量”为题的歌手比赛，而优胜者获得的奖赏就是将娶图林根领主的侄女伊丽莎白为妻。

沃尔夫伦首先歌颂了贞洁的爱情，而汤豪塞却在一旁讥讽他缺乏憧憬和幻想，等到他上场时，他居然唱了一首歌颂维纳斯的赞歌，称颂肉欲之情。听众们顿时哗然，妇女们跑出了大厅，骑士们纷纷拔出剑来要刺杀汤豪塞。大为震惊的伊丽莎白毅然挺身将汤豪塞护卫下来。愤怒的领主要求“犯下如此重罪的人必须要到罗马去向教皇祈求宽恕和赦免”。在一片“到罗马去！”的怒吼声中，汤豪塞羞愧地奔出大厅，前往追赶到罗马朝圣的队伍去了。

悲伤欲绝的伊丽莎白每天都在瓦特堡的山麓大道上苦苦等待着不知何时才会回来的汤豪塞，对伊丽莎白早存爱意的沃尔夫伦则每每对她报以无限的同情。汤豪塞的久久不回，让伊丽莎白日渐憔悴，沃尔夫伦预感到她将不久于人世。目送伊丽莎白离去之后，沃尔夫伦唱起了著名的《可爱的晚星》。当黑夜突然降临，衣衫褴褛、疲惫不堪的汤豪塞出现在他的面前。在罗马，汤豪塞向教皇提出了赦免的请求，但教皇回答说：要让他的灵魂得到宽恕，除非教皇手中的木杖生出树叶来。

请求救赎未成的汤豪塞猛然又想到了维纳斯山，在他的这一念之间，妖风突起，维纳斯和维纳斯山重新在他面前出现了。汤豪塞不顾沃尔夫伦的阻拦，要向张开双臂迎接他的维纳斯扑去。就在这个关键的瞬息，骑士们抬着伊丽莎白的棺木走过这里，沃尔夫伦也大呼了一声：“伊丽莎白！”汤豪塞顿时惊恐万分，最后，为伊丽莎白之死深感悲恸的汤豪塞倒毙在了棺木旁边。

这时，又有朝圣者从罗马回来，他们带来了已经发芽生叶的教皇的木杖，表示着汤豪塞终于获得了教皇的赦免。

2019 年 5 月 5 日在德意志歌剧院演出的《汤豪塞》尽善尽美。唱功不必说了，舞美设计新颖却不突兀，在繁简之间、明暗之间取得了最好的平衡。

当演到伊丽莎白在奄奄一息中缓缓倒地的时候，可以在半明半暗中瞥到太多的观众在默默地擦他们被泪水模糊了的眼睛。

放眼环视，座无虚席。银发者多，秃顶者多。据说，在德国某地演出《特里斯坦与伊索尔德》的时候，在歌剧院外还备有救护车，估计是担心那些年过花甲的爱乐之人过于激动而病倒。

中老年人是今日聆听古典音乐的主力军，就他们还存在而言，依然可喜。就古典音乐的持续发展而言，却多少有点不足喜。

.43.

“工人画神”珂勒惠支

珂勒惠支博物馆所在的Fasanenstrasse是南北走向，与东西向的著名的选帝侯大街相交。从动物园火车站往西南方向走去，大约要10分钟。

博物馆位于大街的24号，其北侧有一个不属于馆方所有的花园，却成了博物馆很美的前景。共有4层展区的博物馆收费7欧元，收藏有上百件木刻和70件素描，还有很多有关共产主义运动的宣传品，放在第4层介绍的，是受珂勒惠支影响的其他现代画家。

因为鲁迅的鼎力推荐，凯绥·珂勒惠支很早就被中国人所熟悉。

作为中国新文化运动的主要推动者，以及社会黑暗和压迫的积极反抗者，鲁迅十分喜爱并高度评价珂勒惠支的作品，他曾引用罗曼·罗兰的话说：“凯绥·珂勒惠支的作品是现代德国的最伟大的诗歌，它照出穷人与贫民的困苦和悲痛。这有丈夫气概的妇人，用了阴郁和纤秾的同情，把这些收在她的眼中、她的慈母的腕里了。这是做了牺牲的人民的沉默的声音。”就美术史的意义而言，鲁迅当时首先将珂勒惠支版画引进中国，使之成为中国进步木刻青年临摹和学习的经典，对中国现代版画的发展产生了极大的影响。

身为一个女性画家，珂勒惠支的作品题材集中在母爱和以工人为主的劳动者。人类共有的同情心被她深刻阐发，为真诚和善良的劳动者奉献了一曲美的颂歌。

今日德国已经以一个独特的方式给予了珂勒惠支一个高度的赞赏。

位于著名的菩提树大街东端的新岗亭，是1816年到1818年由伟大的建筑设计师申克尔设计的，属于柏林新古典主义建筑的典范之作。申克尔当年的造型为低矮的立方形，建筑前边的几根多利安式的柱廊显得简洁端庄，三角形楣饰上的胜利女神像是以浅浮雕的方式雕刻的，建筑两旁安放将军们的塑像。

新岗亭

这个建筑最早的使用功能是作为普鲁士部队的警卫室。在1930年开始用于纪念在第一次大战中阵亡的将士，1960年之后，被改成国家纪念馆，纪念在战争和暴政中失去生命的受害者。

馆内面积仅仅有300平方米左右，也仅仅在中央位置摆放了一尊雕塑，只是从顶部有自然光投射下来，并只照亮了雕塑及其周围的部分区域。那尊雕塑是1993年放进去的，就是用珂勒惠支的雕塑《圣殇》放大制作的。

《圣殇》创作于1937年到1938年间，高不过39厘米，其形象是一个母亲怀抱着死去的孩子。反映出珂勒惠支对时代的重重担忧。

珂勒惠支1867年生于柯尼斯堡，这个地方在二战后被割让给苏联并被苏联改名为加里宁格勒。

珂勒惠支的父亲身为一个瓦匠，但酷爱藏书和读书，珂勒惠支因而从小就接触到诸多德国文学作品，她尤其喜欢歌德的创作。荷加斯、伦勃朗、戈雅的版画作品也给她留下了深刻的影响。

珂勒惠支从 14 岁开始习画，那时就特别喜欢到工地和码头画速写。在柏林和慕尼黑女子艺术学校学习期间，她受马克斯·克林格尔的艺术理论影响颇深，克林格尔认为有的题材如果用素描去表现会达到更好的效果的观点，让珂勒惠支决心致力于版画的创作。

1891 年，珂勒惠支与医师卡尔·珂勒惠支在柏林成婚。卡尔在政治上倾向社会民主党，他在贫民窟行医，珂勒惠支因而对劳工生活有了贴身了解，并常常以前来就诊的病人作为自己创作的题材。她在后来回忆道："当我接触了这些妇女，她们是来找我丈夫帮忙的，有时也找到了我，这时我就完全为一种思想所激动，我想到无产者的命运和这种命运的后果，在社会上还存在着这样的问题：卖淫和失业。它使我感到痛苦和不安，这就是我为什么必须而且经常表现人民这一主题的理由，以此抒发我的气愤，因此，使我面向生活。"

珂勒惠支的成名之作是 1897 年面世的《织工的反抗》。她从小就熟悉海涅的诗歌《西里西亚织工》，1893 年又在柏林观看了豪普特曼的戏剧《织工》，她认为这次演出对其创作是一个里程碑，而她创作的蓝本正是海涅的《西里西亚织工》。

费时 5 年，这部作品的最终形式是三张石版画结合三张蚀刻版画，它们是《贫困》《死亡》《讨论》《织工队伍》《攻击》《结局》。

当 1898 年"伟大的柏林艺术展览"在一个火车站大厅举办时，《织工的反抗》引起了轰动，尤其是感动了一般观者和许多工人。已经 83 岁的大画家门采尔也在它们面前伫立凝视，最后还郑重建议评委会授予这组作品以金奖，但威廉二世皇帝十分讨厌这样类型的"贫民窟"艺术而否决了这一建议。展览结束后，德累斯顿美术馆馆长迈克斯·勒尔马上收藏了该幅作品并颁发金牌给珂勒惠支，随后《织工的反抗》被送往伦敦参展，又再度获奖。

《织工的反抗》大获成功，让珂勒惠支被聘为柏林女子美术学校的教师，负责教授版画和人体写生课程，为她带来了一份微薄却固定的收入。1901 年，她又正式成为柏林分离派的成员。

1902 年开始，珂勒惠支又用 6 年时间创作了反映 16 世纪德国宗教改革时期这一历史的版画组画《农民战争》。描绘了农民不堪被奴役而奋起抗争再到失败的主要过程。

无论是《织工的反抗》还是《农民战争》，珂勒惠支的本意都不在于强调阶级冲突，她也不美化革命，只是力图清楚地交代反抗或革命的原因、过程和结局，将反抗或革命的权利交由观者来决定，但客观的结果是她被视为一位社会主义艺术家。

克林格尔对《农民战争》赞赏不已，将他设立的“罗马别墅奖”授予了珂勒惠支，让她到佛罗伦萨的罗马别墅进行为期一年的创作。珂勒惠支只是借机做了短期游历，并没有进行创作。但佛罗伦萨教堂中的中世纪雕塑和祭坛画对她之后的雕塑创作产生一定程度的影响。两度造访罗丹工作室，也更加深了珂勒惠支对雕塑的热情。从 1910 年开始，她就将创作领域伸及雕塑，主题都是母亲—保护者。

珂勒惠支的次子彼得一战时死于比利时前线，这一悲惨事件导致珂勒惠支刻画了不少战争景象，表现对孩子的追忆，也反应她对时代的感受。她承认：经历战争冲击之后，她不再是一个革命分子，而是转为一个追求可以带给人民和平的改革主义者。

满怀深情，用时 18 年，珂勒惠支为彼得塑像，雕塑的主题起初是其子，后来变成一对哀悼的父母，其实那是她和丈夫卡尔的化身。这尊珂勒惠支创作的最大型塑像于 1932 年安放在比利时弗拉兹洛战争公墓，彼得和 25000 多名德国军人埋在那里。

珂勒惠支的首次回顾展在 1917 年举办。2 年后，她被聘为普鲁士艺术学院教授。战后的魏玛政府也很重视珂勒惠支的创作，委托她绘制很多官方宣传画，还在 1928 年委托她为普鲁士邦的文化部官员，负责普鲁士艺术学院高级研究班的教学。1929 年，她被授予德国表扬艺术和科学成就的最高荣誉奖章，被视为大师级的重要艺术家。

第三帝国时期，珂勒惠支曾签署抵制纳粹的声明，因而被迫从艺术学院离职，丈夫和儿子也一度被禁止行医。纳粹还查抄了她的住处，没收了一些作品。她和丈夫早就做好了最坏的打算，甚至考虑在被送往集中营时吞下预先藏好的毒药。她还开始设计自己与丈夫的墓碑。她将自己签名的许多版画作品，直接送给准备逃亡的难民，便于他们需要时在海外变卖。

面对受到工人爱戴的珂勒惠支，纳粹还是有所顾忌，更希望利用她的声名，事实上还不止一次地盗用她的作品用于宣传。珂勒惠支的反应最后是沉默地顺从。戈培尔也很喜欢她的作品，虽然批判她“拒绝适应纳粹主义”，但还是在 1934 年的德国艺术展览中允许展出她的作品。1937 年掀起对“堕落艺术”的整肃，也没有将珂勒惠支视为堕落艺术的一员。

珂勒惠支的好友巴拉赫曾激发了她走向木刻版画和雕塑创作的道路。1938 年，巴拉赫死于纳粹的迫害，珂勒惠支毫不理会纳粹的威胁，仍旧坚持出席巴拉赫的葬礼。据说巴拉赫的棺材上悬挂一件名为《飞翔天使》的雕塑，就是以珂勒惠支年轻时的面容来创作的。

为了纪念巴拉赫，珂勒惠支在 1940 年创作了青铜雕塑《哀诉》，以自己的面容入画，结合自画像中常见的沉思手势，还特意有一只手捂住嘴巴。

珂勒惠支的雕塑名作基本上都完成于纳粹时代，而且不少是用于墓碑。她一直认为墓碑艺术是十分有价值和充满意义的艺术形式，就像一种伟大的纪念碑。《在他的手中和平地安息》就是为她死去的哥哥康拉德之墓创作的，她使用拟人化的夸张的肢体语言，塑造出康拉德在两只巨手中安息的形象，让他仿佛重新回到了父母的怀抱。

身为女人和母亲，珂勒惠支自然具有独特的母性视角。

在 1889 年创作的石墨、钢笔画《跪在神面前的女性》，珂勒惠支就将神绘制得也像一个女性，其头发和乳房非常明显。

珂勒惠支更是善于通过劳动的女工或工人的妻子的形象来揭露社会问题和人的生活困境。她的版画中出现了以单一妇女为刻画对象的《哭泣的妇女》《送报的妇女》《双手交叉站着的孕妇》《苦思的妇女》，还出现了大量的反映母亲之爱的描绘，如《母亲与死去的孩子》《死神、妇女和小孩》《母亲带着小孩离开》《死神和奋力保护孩子的母亲》《母亲们》《妇女膝上的死亡》等。

这些画面都让人产生至惨至痛的感觉，她也曾在日记中记到：自己已经无法在作品中描绘死去的孩子，那对她太痛苦了。所以，她偶尔还是会描绘一些亲昵的母子图像，来满足自己对母爱的渴求。1931 年的石版画《幸福的母亲》、1928 年的石版画《家庭》就难得一见地描绘了一家三口的欢愉场景。

珂勒惠支的大多数作品都已经在战火中湮灭，但留存下来的画作中就有 100 多幅自画像。无论是在自画像的画面上还是在真实的时空当中，珂勒惠支都显得相当低调和朴实。她的创作态度尤其严谨，一件作品往往花费数年才完成。

在功成名就之后，珂勒惠支仍和丈夫居住在贫民区里。随着时光流逝，她对丈夫已经无激情可言，卡尔的生活行为也让她感到恼火。

当两个孩子长大之后，珂勒惠支去巴黎和佛罗伦萨旅行，在途中遇到了匈牙利艺术批评家雨果·赫勒，赫勒也是一个社会民主党人。1909 年，当赫勒的妻子去世后，珂勒惠支与他的关系进展为情人层次。珂勒惠支在《秘密》一画中，用炭笔勾勒出了他们之间亲密无间的关系：一个女子正仰面躺着，而一个男子正从她身上站起来。

对发生在自己身上的这种变故，珂勒惠支自己安慰自己，她写道："彼此相爱后，难免伤感。但生活还得继续下去，难免为凡尘所困。或许，正是因为生活中总是充满了悲伤，生活才变得更加绚烂美丽。人们看到最简单和最人性的场景的时候，为何潸然泪下？因为最让人恐惧的事实莫过于活在尘世。"

在卡尔最后要离去的那些日子里，珂勒惠支每个傍晚都要为他念诗，陪伴他入睡。珂勒惠支是在 1945 年 4 月 22 日去世的，在那之前，她流亡偏乡，被一个敬慕她的贵族收留。

.44.

半废墟状态的威廉皇帝纪念教堂

威廉皇帝纪念教堂就在动物园火车站西边 100 米处。

在一个 100 米长、40 米宽、90 厘米高的平台上，整饰过的威廉皇帝纪念教堂废墟与新建的八角教堂和一个独立式钟楼集合在一起，成为柏林的地标性建筑之一。

由于旧的威廉皇帝纪念教堂状如唇膏，而新的八角教堂状如香粉盒子，人们也将它们戏称为“香粉盒和唇膏”。

入夜，纪念教堂的大部分、独立式钟楼的全部泛射出黄澄澄的光，纪念教堂残存的顶部和八角教堂泛射出蓝幽幽的光，而从处于背景中的有 22 层楼的欧洲中心顶部，奔驰公司的巨大标志泛射出银灿灿的光，营造出一种极为大度又相当内敛的氛围。

19 世纪最后两个年代，威廉皇帝纪念教堂所在的区域发展很快，人口快速集聚，对学校、医院和教堂这类公共建筑的需要也日益迫切。在夏洛腾堡、威尔默斯多夫与索伯格之间的宗教中心就显然缺少一座教堂，柏林的教会组织于是发起了一场建造教堂的运动。

威廉二世热情地支持了这个运动，他也将它当作“为我敬爱的祖父建立一个重要的纪念物”的机会。

新教堂的设计竞赛在 1890 年发起，获奖者是弗朗茨・施韦腾。设想建成的主教堂可以容纳 2000 人，还设想皇帝与他的子民都能来到这个教堂做祈祷，大厅入口的设计清楚地表明了这一意图。这座新罗马式风格的教堂建造预算是 65 万马克，当然最后的决算大大超出了这一数额。

新教堂在 1891 年 5 月 21 日奠基，那一天正好是威廉一世 94 岁的诞辰纪念日。

尽管教堂没有全部建成，教堂的献祭仪式还是在 1895 年 9 月 1 日举行了。那天是色当日，威廉一世率领德国军队在 1870 年的普法战争中取得了色当战役的大捷，有 80 个乐手和 300 个歌手参加了献祭仪式。

威廉皇帝纪念教堂在 1943 年 11 月 23 日晚上被盟军的轰炸毁掉了。

威廉皇帝纪念教堂被毁前的照片

作为对处于废墟状态的威廉皇帝纪念教堂给予临时保护的组织，威廉皇帝纪念教堂基金会在 1947 年就成立了，他们就如何处置教堂而与城市规划和建筑方面的专家展开了热烈的讨论。

1955 年，为了寻求对威廉纪念教堂最好的处置方法，举行了设计竞赛。9 名建筑师上交了他们的方案，其中有 6 名建筑师的设计都保留了废墟。

3 名建筑师被要求修改他们的方案，最后，埃贡·埃尔曼的方案在 1957 年 3 月被选中。

当威廉皇帝纪念教堂于 1961 年 12 月 17 日以崭新的面目再现于世的时候，埃尔曼说："我的愿望就是这所房子永远开放着，这样那些荒凉的人就可以在这座痛苦的城市里找到慰藉。我为我自己，也为我们所有的人，希望恐怖的阴影永远不会再次光临。”

纪念教堂周围的广场在 1947 年就被命名为鲁道夫·布莱查德广场，布莱查德是一个社会民主党人，1944 年被纳粹杀害。

八角教堂四周的墙壁都是蓝色玻璃做的，整体呈深蓝色，在一些位置加入了点红色和黄色，它们并没有构成具体的形象，只是提供了一种色彩混合的效果，但足以引人去联想某种具象。置身在其中，感觉特别深邃和神秘，五脏六腑似乎都要被那种感觉给吸出去一样。

放在八角教堂正面墙壁上的救世主雕塑是赫曼·斯卡佩制作的，曾经用来装饰威廉皇帝纪念教堂的祭坛，它竟然在那场灾难中躲过一劫。

八角教堂常常在晚上举办音乐会，演奏的乐团水平当然不会太高，但演奏的曲目却是经典之作，如贝多芬的《命运交响曲》，门票是 22 欧元。

新的威廉皇帝纪念教堂只有地面层可以观赏。

巨大的十字架上的耶稣塑像是卡尔·海莫特的作品。

筒形拱顶上的马赛克镶嵌画非常壮丽，因为当年被炮弹炸裂了，很多地方都露着明显的修补痕迹。

基督图像位于马赛克镶嵌画的顶部中央部分，它让人联想到基督的全能和无限，环绕着核心的一圈文字采自《约翰福音》第 14 章第 6 节：“我是道路、真理和生命。除非经过我，没有一个人能通往父神。”

在筒形拱顶顶部与其所连接的两面墙壁之间，马赛克镶嵌画延续着。

其中一面由三个部分组成。位于其中央的，是左右两位白衣天使护卫着中间的十字架。位于其两侧的，一幅描绘的是老一辈霍亨索伦王族的队列，从生于 1371 年死于 1440 年的纽伦堡的布格拉夫·腓特烈，直到生于 1620 年死于 1688 年的大选侯腓特烈·威廉。另一幅描绘的是新一辈霍亨索伦王族的队列。

.45.

简要显明的“五王三皇”镶嵌画

威廉皇帝纪念教堂中的马赛克镶嵌画“新一辈霍亨索伦王族的行列”主题独特，形象逼真，色调鲜明，对人们直观识别19世纪的普鲁士国王和德意志帝国皇帝提供了很好的一个视觉载体。

出现在这幅镶嵌画中的人物，从左至右是：普鲁士国王腓特烈・威廉三世的妻子露易丝、腓特烈・威廉三世、普鲁士国王腓特烈・威廉四世、普鲁士国王和德意志帝国皇帝威廉一世、普鲁士国王和德意志帝国皇帝腓特烈三世、普鲁士国王和德意志帝国威廉二世、威廉二世的妻子奥古斯特・维多利亚、威廉二世的皇储威廉、皇储威廉的妻子塞西莉。

腓特烈・威廉三世，生于1770年8月3日，死于1840年6月7日，1797年至1840年任普鲁士国王；

腓特烈・威廉四世，生于1795年10月15日，死于1861年1月2日，1840年至1861年任普鲁士国王；

威廉一世，生于1797年3月22日，死于1888年3月9日，1861年至1888年任普鲁士国王，1871年至1888年任德意志帝国皇帝。

腓特烈三世，生于1831年10月18日，死于1888年6月5日，1888年任普鲁士国王和德意志帝国皇帝。

威廉二世，生于1859年1月27日，死于1941年6月4日，1888年至1918年任普鲁士国王和德意志帝国皇帝。

既然被画在威廉皇帝纪念教堂里面，威廉一世皇帝又是德意志帝国的

威廉四世像

开山之祖，穿着一件绣有皇冠的披风的威廉一世自然成了构图中心。

威廉四世双手合十祈祷，被画在威廉一世的右前侧。

威廉四世是威廉三世和露易丝王后的儿子，是威廉一世的哥哥。

威廉四世满身艺术家的细胞，耽于幻想，也像女人一样，很容易冲动，是普鲁士国王中的浪漫主义者。他身材圆胖，长相平平，可能是普鲁士国王中最没有外形的一个，也是受到最多讽刺的一个，常常哭泣，在给密友和亲人通信时，满载情绪的惊叹号甚至被连续用上 7 个。

威廉四世虽然也喜欢自称是一名普鲁士军官，但他不太热衷军事，有时甚至嘲笑军队检阅。不过，在一次大演习过程中，他一时兴起，居然将演习推进到了柏林街头，结果造成街道上成百扇窗户被打破震破。

威廉四世特别喜欢与学者和艺术家交往，喜欢与人争论诗歌和音乐问题，甚至从事建筑设计，科隆大教堂的续建工程就受到了他的鼎力支持。

威廉四世的文学才能也可圈可点，登上王位不久，他就在国会举行的效忠会议上滔滔不绝地以这样的誓言相回报："上帝保佑我们普鲁士祖国，保佑德意志和世界，我们的祖国万象纷呈又浑然一体，宛如贵重的矿石，混有多种金属，可却是一种唯一的、高贵的矿石，除了越来越美好的世界之外，没有什么能将它腐蚀。"听众们顿时感动万分，有的人当即就啜泣起来，有的人就边笑边哭，连王后也在露台上热泪盈眶。

当黑格尔去世之后，按照威廉四世的旨意，远在慕尼黑的谢林被召到柏林大学，讲授他神秘的天启哲学。谢林得到的薪俸几乎和当时的首席芭蕾舞女演员一样高，是任何一个普鲁士教授从来没有得到过的。

为威廉四世担任王室朗读者的也是德国一流的诗人。

其中的蒂克是德国浪漫主义文学大师，与歌德、席勒并称为德国三雄，在歌德于1832年去世后，他也常被尊为德国最伟大的诗人。蒂克的朗诵和表演能力很强，曾经想当一个演员，他对音乐的理解能力也异常高超。

弗里德里希·吕克特是1841年成为王室朗读者的。他那时已经年过半百。

吕克特创造了“综合诗歌”的概念，并认为德语是这种“综合诗歌”最富有感情的媒介。他也是一个爱情诗的多产者，曾写了一首又一首爱情诗歌献给五六百位年轻的姑娘。

吕克特在1836年痛失两个幼子之后，用428首诗歌来表达自己悲痛欲绝的心情。这些诗歌被纳入了诗集《亡儿之歌》。

马勒视吕克特为第一流的诗人，他在1899年到1902年谱写了艺术歌曲《吕克特诗歌五首》。1901年到1904年，马勒又采用《亡儿之歌》中的五首诗歌写成声乐套曲《亡儿之歌》。这个套曲完成之后，马勒的爱女就在1906年不幸夭折。妻子阿尔玛非常埋怨丈夫，她说：“好端端的，你去谱写啥《亡儿之歌》呀？！”马勒也在悲痛中哀叹道：“爱女之死，实为此曲预悼之故。”

威廉四世在位期间遇到的最大的政治挑战是1848年革命，这次革命或明或暗的两大诉求是争取民主和争取建立一个统一的德意志国家。威廉四世的处置措施可谓软硬适中。

3月17日，威廉四世同意发布王室诏书，宣布在普鲁士王国内废止专制审查制度，推行宪法制度。3月18日，见到在宫殿广场集会的群众场面有些无法控制，他下令军队给予弹压。1月19日午后，他很快又下令军队撤出了柏林，避免了流血事件的持续发生。

威廉四世同意召开国民议会和下令草拟普鲁士王国宪法，但当法兰克福国民议会在1849年4月3日邀请他出任统一德国的皇帝的时候，他却认为自己不能“拾取在沟渠上的皇冠”。在确定自己的地位稳固之后，他最后命令军队包围柏林并解散议会。

总体而言，在威廉四世的治理下，发布了以比利时宪法为蓝本的宪法，为德国政治开放出比以前更为自由的空间。在德国统一的道路上，威廉四世也试图以德意志联盟的方式实现“小德意志方案”，也就是在普鲁士的领导下，排除奥地利，使德意志区域的各政治主体得到有机的统一。

威廉四世在1823年与巴伐利亚公主伊丽莎白·路多薇卡结婚。不幸的是他们没有子女。更不幸的是，威廉四世在1857年中风，身体局部瘫痪并患上了精神病。因此，从1858年开始，他的弟弟威廉亲王出任摄政王。

在1848年革命期间，威廉亲王是强硬派，被称为“榴弹亲王”。当威廉四世下令军队撤出柏林的时候，他怒不可遏地对皇兄咆哮道：“我一直知道你是一个说话唠叨的人，但没有想到你竟然是个懦夫！不会再有人以追随你为荣。”而后将剑丢弃在威廉四世脚前。威廉四世也毫不示弱，对皇弟怒吼道：“岂有此理！你不能留在这里。你必须走！”已经成为柏林城内最被人憎恨的威廉亲王于是乔装出城，去了伦敦。

当德国国内的政治形势在夏天又有了新的变化之后，威廉亲王与时俱进，回到柏林，他表示：“时间不会倒流。任何倒行逆施的行为都会终止。”“现在，每一个爱国者都有责任去建设一个新的普鲁士。”

威廉二世像

1861年，在威廉四世去世后，威廉亲王即位，并在10年后，缔造了德意志帝国。

在镶嵌画上，威廉二世穿着貂皮大衣，象征他登上了王位和皇位，他的妻子穿着全套的宫廷礼服，头戴银色的桃金娘花冠。

威廉二世在世界历史舞台上的退场形式却是狼狈不堪。1918年11月9日下午两点，威廉二世准备签署辞去帝国皇帝保留普鲁士国王的声明，结果巴登首相提前宣布威廉二世已经同意放弃皇位和王位。在没有签署退位声明的情况下，威廉二世登上皇家列车，从位于比利时帕斯市的总指挥部返回德国。在途中，因为意识到无法安全返回德国，列车又改向去往荷兰。在得知边境部分铁路已经落入革命党手中后，威廉二世只好在少数人的护卫下乘坐汽车前进，于 11 月 10 日凌晨进入荷兰。

《凡尔赛条约》第 227 条规定，将以“严重违反国际道德和条约精神”的理由拘威廉二世，让他接受来自协约国 5 法官组成的特别委员会的审判。不过，威廉二世始终躲过了审判。因为错综复杂的欧洲国家间的王室关系开始了对君王个人利益的保护，英国国王乔治五世、荷兰国王威廉·明娜女王、比利时国王阿尔贝一世都反对将威廉二世定为战犯。当时的审判诉求也只是依据模糊的“国际道德”，缺乏明确的法律依据。

威廉二世后来长居多伦庄园，曾发生过针对他的绑架未遂事件。奥古斯特·维多利亚皇后在 1921 年 4 月 11 日去世，德国政府同意她的遗体运回波茨坦新宫的皇家陵墓，但要求在夜间进行。有多达 20 万柏林人观看了这个过程。

1941 年 6 月 4 日，在多次心脏病发作之后，威廉二世病逝。他生前留言：在德国恢复君主制之前，遗体要一直留在多伦。

在镶嵌画上，位于威廉一世和威廉二世之间的，是腓特烈三世，他是威廉一世的儿子，是威廉二世的父亲。

腓特烈三世像

腓特烈三世是威廉一世与萨克森—魏玛郡主奥古斯塔婚后生育的唯一的儿子。作为第一位受过大学教育的普鲁士王子，他也受过正规的军事教育，可谓是文武双全。他参加过 1864 年普丹战争，在 1866 年普奥战争期间任普鲁士第二军团司令，在普法战争时期任第三军团司令。

1858 年，腓特烈和英国的维多利亚公主结为夫妇。维多利亚公主是英国维多利亚女王和阿尔伯特亲王的长女。

阿尔伯特来自德国，是萨克森—科堡—哥达公爵恩斯特一世的小儿子。他 20 岁的时候与表姐维多利亚女王结婚。他们一生共育有 9 个孩子，但由于是近亲通婚，4 个王子中的 3 个都是血友病患者，他们娶的妻子是来自丹麦、俄国和德国的公主和郡主。5 位公主个个健康美丽，但也携带了血友病基因，她们后来与欧洲王室联姻，也使得这一可怕的疾病在欧洲王室中蔓延。

阿尔伯特亲王博学多才，从骑马、射击、击剑、狩猎，到音乐、文学、形而上学、法学、政治经济学，甚至数学、生物学等，几乎是无所不能。他 17 岁时开始潜心钻研德国文学和深奥的德国哲学，他曾做过一篇论文《论日耳曼人的思维模式及日耳曼文明简史》，企图以此事“反省我们时代的弊端，吁请所有的人从自己做起以矫正这些弊端，并由此而为别人树立起一个好榜样”。

当了女王的丈夫后，阿尔伯特参与到外交和国内事务当中，说服了女王在与议会交往时不带有党派倾向性，力所能及地促进了英国君主立宪制的发展。

阿尔伯特还对科学、艺术与工业的活动进行了改革，给从前高高在上的王室创造了全新的形象。1852 年举办的万国博览会也凝聚了他的心血，世界各国在原材料生产、机器制造、机械设计等各方面的先进样品都被集中到伦敦展出。

阿尔伯特亲王像

阿尔伯特生前要求不树他的雕像，但整个大英帝国的每个城镇都有关于他的公共纪念碑。诸多纪念物中最引人瞩目的，便是皇家阿尔伯特音乐厅和伦敦的阿尔伯特纪念碑。

正因为和英国有这些直接联系，本人也在英国生活过一段时间。腓特烈三世受到开明派、立宪派以及中产阶级思想的影响，具有强烈的自由主义思想。他并不赞成首相俾斯麦的铁血政策，俾斯麦也从未喜欢过他。

威廉一世相当长寿，1878 年遇刺受了重伤，但还是再活了 10 年。所以让腓特烈三世当皇储的时间也相当长。等到威廉一世去世的前一年的春天，腓特烈三世却被诊断喉部长了一个肿瘤。不同的医学团队对预后的看法不一，来自德国的医生认为肿瘤是恶性的，必须尽快手术切除，但该手术风险高，不但会使腓特烈失声，甚至可能让他丧命。而来自英国的医生莫雷尔·麦肯齐爵士也是腓特烈的心腹，他认为肿瘤不是恶性的，只要迁居到气候较为温和的地方修养一段时间，就能自行痊愈。结果腓特烈接受了麦肯齐的建议，去到意大利北部的海滨小镇圣雷莫修养。到了 1887 年 11 月 12 日，一则官方声明最终确认腓特烈患上的是癌症。

威廉二世和父亲腓特烈三世及母亲的关系不太好，他那种年轻气盛、专横夸张让父母十分讨厌。反而是隔代亲，威廉一世很喜欢他这个孙子。甚至在本来由皇储腓特烈出面更加适合的外交活动当中，威廉一世也改让威廉二世出马，比如 27 岁的威廉二世在 1886 年夏天就被委派出使俄国，与沙皇见面。腓特烈为之感到受了侮辱，给俾斯麦写信表达了强烈的愤慨和抗议。

在腓特烈患上喉部肿瘤之后，威廉二世赞同德国医生的看法，认为其父患的是绝症，应该手术治疗。当威廉二世去圣莫雷访问的时候，按他的说法，他的母亲像对待一条狗那样对待他，还不准他探望父亲。当腓特烈三世归天之后，威廉不顾亡父意愿和自己母亲的强烈反对，下令对腓特烈三世进行了病理解剖，确证其体内确实存在了癌细胞，也以此来证明他自己先前所持的立场是正确和公正的。

威廉一世在 1888 年去世，腓特烈三世继位后，只当了 99 天皇帝，在 6 月 15 日去世，威廉二世紧接着上位。于是，在 1888 年，德意志帝国存在了三任皇帝，这一年也就被称为德国的“三皇之年”。

.46.
“王后中的王后”露易丝

在“新一辈的霍亨索伦王族的行列”镶嵌画上，国王腓特烈·威廉三世和露易丝王后走在最前面，像一个勤勉的带路人，有着不事张扬的性格。

作为威廉四世和威廉一世的父母，威廉三世国王和露易丝王后带领德国人民艰难地度过了19世纪的前十多年，并从败无可败、退无可退的绝地反击，取得了德意志解放战争的胜利，从而深受德国人民的爱戴。露易丝王后因为集美德、优雅、尊贵、谦逊、仁慈和性吸引力，也成了所有普鲁士王后中最受人民喜爱的那一位。

露易丝像

露易丝1776年3月10日出生在德国汉诺威。她是梅克伦堡查尔斯公爵和黑森—达姆施塔特郡主弗里德里克的第4个女儿。

露易丝6岁的时候，她的母亲死于难产。她和妹妹以及唯一的弟弟乔治都是由他们母亲的一个朋友带大的。这种经历给露易丝留下永远的伤痕，日后，她经常会把口袋里的零钱给予和她有过类似经历的孩子们。“她像我一样，她也没有妈妈。”

露易丝的外祖母在她几岁的时候就教她如何制作自己的衣服。从家庭教师那里，露易丝学会了流利的法语。她也受到了路德教会的影响，积极参加慈善活动，经常会和家庭教师一起去访贫问苦，根本不在乎外祖母经常因为她捐献太多而对她抱怨。在她嫁到柏林后的第一个生日，威廉问她想要什么礼物，露易丝说她想要一大笔钱，以便让全市的人民都分享她生日的快乐，威廉笑着答应了她。

露易丝 9 岁的时候，在剧院听了席勒的《唐·卡洛斯》，引发了她对德国文学的热爱，她还继而喜欢让·保尔、歌德、赫尔德和莎士比亚的作品以及古希腊的悲剧故事。她同时也非常注意涵养灵性，曾亲自说过：宁可将自己的所有书籍都扔进哈弗尔河，也不愿让知识毁掉自己的感受能力。哈弗尔河是流经柏林所在地区的一条河流。

1793 年，拥有“精致的肤色”和“蓝色的大眼睛”的露易丝见到了 23 岁的普鲁士王国的王储腓特烈·威廉。威廉对她一见钟情，当即就决定娶她。

威廉三世也许是普鲁士国王中的一个可爱的另类人物。

他始终保持着谦逊、低调和简朴作风。他有时谦逊到了对自己的能力非常不自信的程度，王权不是他积极追求的东西，反而被他视为一种天生的负担，他认为还有许多人比他更适合担任国王这一重任。

他不像其父王那样妻妾成群，奢侈挥霍，连柏林的城市王宫都让他觉得太过富丽，宁愿居住在自己身为王储时居住的住宅里，他最爱的房产就是他在波茨坦附近购买的一处小

威廉三世像

型乡村房舍。

他也绝不过那种“996式”的生活，将政务活动和私人活动分得一清二楚。当他得知孩子们在他不在的时候习惯称他为“国王”而不是“爸爸”的时候，他感到十分的震惊和痛苦。

露易丝去柏林与威廉三世订婚时，当即就引起了全城轰动。一个小姑娘高兴得在菩提树下大街唱起歌来欢迎她，露易丝也打破了传统，屈身抱起了那个小姑娘并亲吻了她。诗人富凯为此动人情景写道：“所有的爱都流向了她，她的优雅和可爱让所有人无不动容。”

1797年11月16日，威廉三世就任普鲁士国王。露易丝在给外祖母的信上写道：“我现在成了王后，让我最为快乐的是，我可以全心全意投入我的慈善活动。”而她在国务活动和社会活动各方面展现出了与人民的亲和力，比她之前的几任王后做得更好，从而受到普遍的欢迎和尊重。

威廉三世称露易丝是“王后中的王后”，而露易丝则把辅佐丈夫当作自己义不容辞的责任。露易丝王后仍然继续她的慈善捐助活动。当威廉三世进行登基之旅时，露易丝王后都陪伴在左右，一起接受各地政要的忠诚宣誓，这在当时也是破除传统的做法。在途中举行的各种会议中，露易丝总是以温婉的性格和迷人的气质征服了在场的所有人。另一方面，她也追求时尚，她在海边系上围巾避寒的举动，旋即被普鲁士境内外的女性竞相效法。

露易丝王后后来成为威廉三世很好的政治助手。威廉三世从一开始就定期向她咨询国家大事，许多大臣都受到了露易丝王后的栽培，他们也会向露易丝透露朝廷的各种动态。

在威廉三世统治初期，就有人写了这样一首诗歌送给他和露易丝王后：“国王，不要成为神，/王后，也不要成为神，/不要，做你们自己，/成为有价值的人，/成为最高贵的榜样，/如何调解渺小和伟大、/舒适的家庭生活/以及国家大事。”

露易丝的第一胎于1794年死于腹中，但是后面有9个孩子接踵而来。虽然宫内有成群结队的奶妈和家庭教师可供差遣，但身为“普鲁士的母亲”，露易丝仍旧注重亲力亲为，宁愿亲自摇着摇篮哄孩子睡觉，给大家留下了关怀备至的母亲形象。

提到露易丝王后，人们即刻就会联想到矢车菊。在德国人的心里，矢车菊是普鲁士的王室之花，是日耳曼民族的象征，是德国的国花。矢车菊以它幽蓝的身影、清香的气息、优雅的神态和素雅的花朵，更以它顽强的生命力，博得德国人民的赞美和喜爱，它象征着日耳曼民族爱国、顽强、乐观、俭朴、勤劳的品格。

据说，在德意志解放战争时期，露易丝王后带着自己的家人离开柏林，向东逃难。后来成为德国皇帝的威廉一世当时才 9 岁。在旅途中，他们没有干净的食物和水，与士兵们同住同吃。途中，车辆损坏，王后一行人不得不停下等待。那时，路边正好有大片的蓝色矢车菊在尽情盛开，孩子们不由自主跑到花丛中玩耍，露易丝则用矢车菊花编织了一个漂亮花环，戴在了威廉胸前。他们徜徉在矢车菊的花海中，尽情享受战乱中难得的欢快。威廉一世在 1871 年加冕后，仍然十分喜爱矢车菊，认为它是吉祥之花。

在德意志解放战争时期，露易丝是主战派，主战派因而也被称为“王后派”。

威廉三世国王拒绝联合其他国家一起对抗拿破仑，露易丝一直建议他不要这么做，她说，如果普鲁士联合英国、俄国和奥地利的力量，就一定能打败拿破仑。

当威廉三世国王与普鲁士军队走向战场的时候，露易丝也紧密跟进，即使发生激战，她也留在战场附近。国王封她为安斯巴赫—拜罗伊特龙骑兵团的荣誉上校，该团也随即改名为王后龙骑兵团。

当拿破仑终于选定在蒂尔西特与普鲁士举行协商的时候，威廉三世国王将怀孕的露易丝派去参加，因为他认为这样可能会给拿破仑好心情，有利于谈判。拿破仑见到路易丝之后，果然被她的气质所迷倒，他致信给妻子约瑟芬皇后说：“露易丝实在是迷人，使我不得不做出让步，你不要吃醋，我不会被她所迷倒。”露易丝王后用她的努力保护了自己的子民不再

露易丝勋章

受到法国侵略者的侵略，更加引起普鲁士人民对她的热爱。

虽然普鲁士的领土在会后得到了回归，但还是要付出高达几百万法郎的战争赔款。拿破仑称露易丝为他的女人，也让露易丝蒙受了巨大的人身侮辱。此后，露易丝总结出了许多的教训，开始认真教育自己的儿子以便他们胜任未来的国王。她也更加坚定地支持施泰因和哈登伯格领导的改革，支持沙恩霍斯特重新组建军队。

1810 年 7 月 19 日，年仅 34 岁的露易丝在威廉三世怀中与世长辞。

为了更好地纪念露易丝，威廉在 1814 年 8 月 3 日设立了露易丝勋章，表彰在解放战争中做出杰出贡献的女士，无论她们婚否、社会地位如何、是否在本土出生。

露易丝勋章的设计是：一个小型的黑色搪瓷十字架，中间有一款天蓝色的圆形嵌板，嵌板中间是代表露易丝王后名字的花体字母“L”，七颗星儿将它围绕。

威廉三世在布告中称：“当我们英勇的男儿为祖国流血战斗时，他们可以从女性舒适的护理中得到缓解和恢复。普鲁士千千万万的母亲和女儿们，为同敌人战斗担惊受怕，为阵亡者悲恸哭泣，但是信念和希望带给了她们力量，让她们在为祖国的战争事业孜孜不倦的工作中获得平静……虽然不可能对所有默默付出让生活添彩的女性进行表彰，但我们理应授予其中德行极为优秀的人露易丝勋章。”

.47.

铁十字勋章的设计者申克尔

其实，在 1813 年 3 月 10 日设立的著名铁十字勋章中，威廉三世已经表达了对露易丝的爱意。

威廉三世当初只是将铁十字勋章作为一种临时性的勋章，用来授予在对抗拿破仑的战争中立功的人员。当时的铁十字勋章一共有三级、二级、一级和大铁十字四种，它们被授予各个不同的社会阶层，只要对战争的结果有影响或者在自己的职责领域做出贡献就可以被授予。这种无社会阶级区别的授予方式使得铁十字勋章区别于当时由皇室颁发的任何勋章。

威廉三世要求设计铁十字勋章的申克尔必须在设计中包含普鲁士国王的王冠、他自己的皇家徽记、1813 这个设立时间和橡树这一德国神圣之树的叶子。

申克尔在 3 月 21 日递交了他的设计，露易丝王后的弟弟卡尔·冯·梅克伦堡·斯特里茨对设计进行了一些修改，并得到了国王的认可。

1813 年的铁十字勋章（背面）

申克尔设计的铁十字模仿了条顿骑士团的十字形状，从中心向外直伸四臂，但斯特里茨却把铁十字的四臂变成了与众不同的弯曲状。这个修改造就了今天我们所熟知的著名形象。

二级铁十字勋章最终的设计为：铁心中间的图案是一个张开的橡树叶，而在铁十字下臂底部则是设立的时间 1813；在铁心的背面，上臂顶部的图案是普鲁士国王的王冠，下面紧接着是“FW”字样即威廉国王（Friedrich Wilhelm）名字的缩写；长度和宽度在 41~42 毫米；在铁心的外围又加上了银框（通常是 800~900 银）；银框上部有悬挂环与之相连，方便勋带穿过。战斗人员的勋带是由一个黑色宽竖条以及从两边夹着黑条的白色细竖条组成，而非战斗人员的勋带颜色构成则正好相反。

之所以采用白色和黑色，是因为它们是普鲁士王国的标志颜色。当然，一种专名为普鲁士蓝的蓝色也是普鲁士人的至爱。

普鲁士王国的国歌《普鲁士之歌》开篇就唱到“我是普鲁士人，你当认识我的色彩”。这首国歌诞生在 19 世纪 30 年代之后，是哈尔伯施塔特高中的一位老师填词，海因里希・奥古斯特・奈特哈特作曲，奈特哈特是近卫步兵团第二军团的音乐总指挥。

铁十字勋章的勋带被用来缝在束腰军服从上往下数第 2 个纽扣处。这种流行的佩带方式在 1838 年被威廉国王认可。

在当时，一共有约 16938 枚二级铁十字被颁发，638 枚一级铁十字勋章被颁发，5 枚尺寸为 56.5 毫米的大铁十字勋章则授予了 5 名最高军衔的指挥官，包括声名显赫的陆军元帅格哈德・弗斯特、布吕歇尔、冯・沃尔斯塔特。

1815 年 6 月 26 日，威廉国王又为 1813 铁十字勋章家族增添了最后一名成员即星芒大铁十字勋章，这个唯一的勋章被授予及时赶到滑铁卢战场，并协助惠灵顿公爵击败拿破仑的布吕歇尔元帅。

这种在德国人心目中具有极为崇高价值的勋章上没有铭文，没有任何浮夸文字，其实是要刻意表达对普鲁士是一个勤俭之国的认同。

铁十字勋章在制造材质上主要使用了十分普通的铁，也是要用铁来代表德国人的坚忍不拔，象征他们的核心美德。

铁的使用也与当时的财政经济紧缩政策有关，还是对之前的“以金换铁”运动的感念。1805 年左右是德意志解放战争最艰难的时段，威廉三世号召国民拒绝一切形式的铺张浪费，要过极度简朴的生活。在玛丽安娜公主的示范下，王室家族号召女性公民捐出自己的金银财宝，作为她们个人对战斗中的祖国的贡献，回报是获得项链状的铁质首饰，上面往往铭刻着“以金换铁”。

铁十字勋章的边框用银，则代表了露易丝王后并象征德国人性格的灵敏性和柔弱性。

宫廷牧师埃勒特在波茨坦驻军教堂布道时进行了这样的解释：十字勋章是铁制的，这是提醒人们要“勇敢克己，性格坚强。提醒人们不要贪求安逸和舒适宁静的生活，提醒人们不要耽于纵情享乐，不要贪念肉欲享受。它号召人们磨炼自己，让自己勇敢坚强”。

埃勒特在布道中继续诠释了铁十字勋章的象征作用：“在所有基督教民族中，十字架成为最富有象征意义的标志，它让人联想起最崇高的真理，最令人感动的想象、最神圣的职责、最强烈的动机，以及最幸福的爱、感激、信任、安慰和希望之情。只有在圣地、在教堂、在圣坛、在胜利的旗帜上，人们才看得到这个神圣的象征。现在，遵照一位虔诚的基督教国王的强烈意愿，我们将这个标志也佩戴在基督教英雄们的胸膛上。”“看到十字架，就要想起要么胜利、要么死亡的英雄气概。”

据说威廉三世狠狠地责备了埃勒特，因为他在布道上没有表达这个勋章与露易丝的密切关系，而只是强调了人世和天堂的联系。威廉三世指出王后已经在普鲁士被神化，已经上升为神，看护着她的普鲁士，并托梦给那些最忠诚的追随者。

受命设计铁十字勋章的时候，申克尔才 31 岁，却已经是大名鼎鼎的建筑师、城市规划师、画家、家具及舞台设计师。

申克尔首先是作为画家名世的，但当他看了德国伟大的浪漫主义画家弗里德里希的画作之后，感到自己永远都在绘画上超越不了弗里德里希，于是将主要的精力转而扑向规划设计和建筑领域。

申克尔后来长期担任普鲁士王国首席建筑指导及国王御用建筑师，领导最高建筑委员会，从经济、功能、审美等方面审核国家建筑委托。为了将柏林变成王国首都乃至帝国首都，申克尔开创了大柏林规划的先河。他留下的总体设计影响尤甚于单体建筑设计，后世的数次柏林城市规划均以之为蓝本。

申克尔卓越的设计理念影响深远，其弟子与再传弟子形成了申克尔学派。

申克尔认为：崇拜是一个人最高尚的情感，排除了一切唯我主义，而最直接的表达方式就是通过艺术。他的设计和建筑作品遍布德国境内外，在 19 世纪 20 年代到 30 年代出世的作品体现出新古典主义风格，而后的作品风格转向了新哥特式。

施普雷河上的新皇宫桥连接着位于西边的菩提树下大街和位于东边的卡尔·李卜克内西街，在东德时期被改名为“马克思—恩格斯大桥”。凡是去柏林游历的人，几乎都会经过这座桥。这座桥的设计就出自申克尔之手。

新皇宫桥之前的桥是形式简单的轭状木桥，建于 16 世纪，破坏了街道的精致感，被人称为“狗桥”，因为当年王室狩猎队就是在这里集合他们的猎犬的。

申克尔在 1922 年到 1824 年间设计的新桥宽度为 31.7 米，扶手用铸铁制作，带有蔓藤纹海马、法螺和海豚装饰。系列雕塑由 8 座雕塑组成，也是申克尔的杰作。它们表现了一组胜利女神雅典娜参与其中的从战争到和平的过程。包括尼克给少年讲述英雄的故事、雅典娜保护前仆的少年、雅典娜教少年投掷标枪、雅典娜为首次参战的少年装备武器、尼克搀扶着受伤的战士、战士和米奈尔瓦、奥林普托着烈士的遗体、尼克给胜利者戴上花环。

在新皇宫桥西南方向 100 多米处有一个小广场也是以申克尔命名的，一尊申克尔塑像被立在那里。

从申克尔广场往西 100 多米，坐落着申克尔当年设计的韦尔德教堂。

由于预算有限，申克尔要用最简单的方式实现中世纪设计风格。钟楼也不能设计得太高，否则会让立面实现不出精致的感觉。也不能使用尖顶设计，因为塔楼正立面面积较小，那样会让比例失调，而且平顶也符合塔楼用于观景的目的。

为了在简洁中也能溢出趣味，申克尔在细节上特别留意。他用了很多形状和大小不一的砖。如小柱子、隔墙、柱头、窗洞、屋脊等处。部分砖长 0.6 米，宽 0.3 米，厚 1.8 米。他还在入口处设计了一个高 2.4 米的天使长米迦勒的雕像。

花了 6 年时间，韦尔德教堂在 1830 年建成，在二战也遭到毁坏，直到 20 世纪 80 年代才得以重建。重建后被改为申克尔纪念馆博物馆，附属于国家画廊，设有关于申克尔生平和作品的展览，还有一个以普鲁士新古典主义雕塑为主题的展览，其中包括沙多的作品。

申克尔广场

.48.

菩提树下大街上的名将雕塑

德意志解放战争结束之后，普鲁士人采用了多种方式纪念那些难忘的岁月。除了最常见的纪念碑、纪念塑像之外，还有教堂鸣钟、举办射击打靶比赛、身着民兵衣服游行等。在十九世纪三四十年代，各个城镇还都建立了“志愿者俱乐部”“葬礼协会”之类的组织，它们的任务主要是为故去的志愿兵老人的安葬仪式提供资金。它们不仅支付葬礼费用，还为送葬队伍提供统一服装，旨在提醒广大群众，不论这些老兵的社会地位如何卑微，他们都曾经为祖国而战，值得人们始终尊敬。

从韦尔德教堂北行 300 多米，就是菩提树下大街的南边，有片开阔的花园，其间就立有 5 尊德意志解放战争中的著名将领的雕塑。

5 位名将是沙恩霍斯特、比洛、约克、布吕歇尔、格奈森瑙。沙恩霍斯特、比洛的塑像是白色大理石质的，位于最北边，基座上面还特别刻有“按照国王威廉三世的旨意建造于 1822 年”的字样。

沙恩霍斯特像

沙恩霍斯特 1755 年生于汉诺威博德瑙的一个农民家庭。1777 年从桑堡—利珀军校毕业后在汉诺威军队服役，后来又在军校教授炮兵学，还当过军事杂志的编辑。

1793 年，沙恩霍斯特作为炮兵连连长，赴比利时参加了首次反法联盟的战争，对法国军队的优势有了切身的体验，他在1797年将那些心得写成了《论革命战争中法军获胜的一般原因》，强调了士兵的爱国精神对于军队士气之重要性。

1801年，沙恩霍斯特给普鲁士国王威廉三世写了求职信，获准加入了普鲁士陆军，并在1802年担任了柏林军事学校校长。

1806年，沙恩霍斯特在与法军作战时负伤被俘，在此过程中，他有幸与布吕歇尔相识。

1807年，晋升为少将的沙恩霍斯特出任了普鲁士军事改革委员会的主席，2年之后又担任了新成立的陆军部的首脑。

沙恩霍斯特在那些改革岁月中，团结了一大批支持军事改革的优秀分子组成普鲁士军事改革集团，他们一致认为，军事改革首先必须把独立自主的感觉灌输给民族，军队必须由热情参与国家政治的爱国者们来组成。他们实施的诸多改革举措为普鲁士发动民族解放战争并最终取得战争的胜利奠定了扎实的军事基础。

1813年，普鲁士参加了第六次反法同盟，以80万兵力同法军及其盟军约70万人对峙。反法同盟的军队分为三个方面军，其中的西里西亚军团由普军总司令布吕歇尔率领，沙恩霍斯特担任了他的参谋长。

不幸的是，沙恩霍斯特在5月吕岑之战中负伤。休战期间，他不顾伤痛，计划奔赴维也纳去和奥地利谈判缔盟事项，却被梅特涅阻止在布拉格，由于伤口处理不及时而发生溃烂，最后导致了血液中毒，沙恩霍斯特在6月28日去世。

沙恩霍斯特性格内向，但也不免浪漫之举。在解放战争前夕，他居然与一位年轻的少女发生了热恋，她当时正在做沙恩霍斯特孙子的保姆。他曾向少女表示：除了她以外，自己在这个世界上已经无所牵挂。

沙恩霍斯特的墓碑由申克尔设计，上面装饰着一头沉睡的雄狮，正是他一生最好的写照：既是一个深邃的思想家，又随时准备投身到现实当中。后来的德国海军曾经数次以沙恩霍斯特之名命名军舰。

比洛在1768年加入普鲁士军队，1812年任东、西普鲁士总督，1813

比洛像

年晋升为中将。在莱比锡大战中，他率领的德国军队属于北路军团，而后指挥军队占领荷兰和比利时，1814 年晋升上将，次年指挥普鲁士第四军团参加了滑铁卢战役。他被封为登讷维茨伯爵，因为他曾在登讷维茨之战中击败法军的内伊元帅。

约克和布吕歇尔都是普鲁士元帅，而且都是 1806 年前的老将军。

在 1806 年战争开始时，普鲁士有 142 名将军，但老化和笨钝得难以令人置信。他们的平均年龄在 60 岁以上，有的将军年逾 80，还担负着守卫要塞的重大任务，许多校官的年纪也在 70 开外。与他们的暮气沉沉相比，拿破仑军队的高级将领锐气勃勃，平均年龄才 30 岁左右，而拿破仑也才不过 35 岁，更在 27 岁时就担任了法国驻意大利军队的指挥官。

约克生于波茨坦小贵族家庭。早年作为荷兰的殖民地军官，长期在国外任职。1799 年投奔普军，任步兵司令官。1806 年，当普鲁士在耶拿和奥尔斯泰特战役惨败后，诈降于拿破仑。1812 年 2 月根据普法巴黎协定，被普王任命为普鲁士预备兵团司令，率普军参加拿破仑侵俄战争，进攻彼得堡，而后驻守里加。

约克像

1812 年年底，拿破仑军队侵俄失败，开始回撤，约克背着国王威廉三世，在 12 月 30 日与俄国将军吉比齐签订《陶罗根协定》，宣布普军在未来 2 个月内保持中立，并允许俄军通过其驻地追击法国溃军。此举虽然受到了普鲁士爱国人士的热烈欢迎，却被最高统治阶层视为一种反叛罪行。

1813年1月3日，约克在一封致威廉三世国王的公开信上试图为自己辩解。1813年3月，调查委员会赦免了约克原有的罪行，约克得以参加布吕歇尔统帅的西里西亚军团，并在莱比锡会战中立下战功，再度受到王室青睐而复职。因为他攻占了易北河战略要地瓦滕堡，还在1814年3月被威廉三世封为瓦滕堡伯爵。

不过，约克当年在陶罗根的擅权行为始终不被威廉国王真正谅解，他在1815年被免职。虽然在1821年又获得了威廉三世的宽恕，被提升为陆军元帅，但他已经没有实际的军事指挥权力。

约克对自己的遭遇始终耿耿于怀，他认为自己在发动反拿破仑侵略的战争中发挥了独特的作用，但这种作用实质上还是被否定了，应有的荣誉没有给予他。当年他擅自做主签订的《陶罗根协定》的原始文本没有被归入国家档案当中，却成了约克家族的传家宝。约克知道自己来日无多的时候，特别委托他人在家族墓园中为自己树立一尊站得笔挺的全身塑像，而且手持一幅刻着《陶罗根协定》的石卷。

布吕歇尔在1742年12月生于罗斯托克附近的托伊藤温克尔，是家中的第9个孩子。他在学业上不甚用心，干脆在1756年与兄长一起投奔了瑞典军队。在“七年战争”中作为一名轻骑兵参与了对普鲁士的作战。被普鲁士军队俘虏后，恰好指挥官贝灵上校是他的亲戚，于是转而为普鲁士效力，还担任了贝灵的副官。由于他表现英勇，在1771年升至上尉，1801年又升为了中将。

布吕歇尔像

1806年，布吕歇尔担任了新设置的威斯特法伦省的军事长官，他率军与不伦瑞克公爵在图林根会合，发起耶拿和奥尔施泰特战役中的第一场骑兵攻势。由于过分急躁，在炮兵和步兵还未建好工事之前就去进攻战斗力很强的法国步兵，布吕歇尔遭到了惨败。

在被追击的过程中，布吕歇尔两次拒绝了法国元帅贝尔纳多特两次劝降。最后率 9000 人退守拉特考，将指挥部设在当地的牧师驻所。当听闻随后赶来的法军炮兵准备轰击拉特考的时候，宗教意识十分浓烈的布吕歇尔“为了拉特考村和施罗特尔牧师的利益”，决定接受贝尔纳多特的第三次劝降，但提出了附加条件，一条要求宣称他是在弹尽粮绝的情况下投降的，另一条要求法军向普军致敬。出于对布吕歇尔的敬意，贝尔纳多特接受了这样的要求，他让法军沿着欧丁至吕贝克的道路列队，向经过的普军战俘致敬，也取消了转交军刀的受降仪式。拉特考一条道路旁的橡树后来就被称为布吕歇尔橡树，人们在 1856 年在那棵橡树旁立起一块花岗岩石碑作为纪念。

布吕歇尔后来与被普军俘获的法国维克多将军作为战俘互换，回到普鲁士军队，在 1809 年晋升为骑兵上将。他审时度势，强烈要求展开对法解放战争，并积极投身于普鲁士军队改革。

布吕歇尔在 1813 年取得了一连串的胜利，最后领元帅军衔，为推翻拿破仑立下了伟大的功勋，为此获得了一枚为他特制的铁十字勋章，即布吕歇尔星形勋章，翌年又被评为柏林和罗斯托克的名誉市民。布吕歇尔在英国也受到了极大的尊敬，“铁路之父”乔治·史蒂芬孙早期发明的一部蒸汽机车即以布吕歇尔命名。

格奈森瑙像

奈德哈特·冯·格奈森瑙在 1760 年生于易北河中游托尔高一个军官家庭，长大后全身上下散发出一个优秀男子的俊朗气息，更具有一种近乎内圣外王的气质，该谦卑时非常温和，该自信时非常高傲。他也很早就接触了艺术和科学，能用优美的文字表达自己最内在的感受。

格奈森瑙 19 岁的时候就进入奥地利军队服役，也曾作为少尉在远征加拿大的英国军队中服务。他于 1786 年加入了普鲁士军队。

1807 年，格奈森瑙独自率部坚守科尔贝格要塞，充分展示了他的领军天才。第三帝国拍摄的最后一部著名电影就是以格奈森瑙的英雄事迹为题材的，名叫《科尔贝格》。

1808 年，格奈森瑙担任了河流开发委员会委员、要塞和工兵司令。在备忘录中，格奈森瑙提出全民武装反对侵略的思想，要求武装全体居民，对法国人的异族统治予以坚决抗击。

1813 年秋季战局和 1813 年至 1814 年冬季战局的战略构想，大部分是格奈森瑙的杰作。在沙恩霍斯特离去后，格奈森瑙担任了布吕歇尔的参谋长，他坚决主张：必须推翻拿破仑独裁统治，创造一个彻底稳定的局势。而要达到这一目的，又必须进军法国和占领巴黎，这场战争不亚于一个世界法庭，拿破仑应被送交法庭得到审判，布吕歇尔则建议将拿破仑作为“人类的罪犯”予以枪决。

格奈森瑙于 1815 年秋天被派到莱茵河畔的科布伦茨，执掌设在这里的新的军区司令部，因为他不只是因军事业绩在人民之中享有崇高的威望，而且他是一个天主教徒，乐于社交，殷勤好客，在这些方面也深得人心。

克劳塞维茨像

格奈森瑙选中了克劳塞维茨担任他的参谋长。因为他们都具有改革思想，格奈森瑙曾这样形容他和克劳塞维茨与沙恩霍斯特的关系，他写道：他是沙恩霍斯特的彼得，克劳塞维茨是沙恩霍斯特的约翰。他俩的关系还因为格奈森瑙的女儿和克劳塞维茨妻子玛丽的弟弟结婚而更多一条亲密的链条。

格奈森瑙在 1825 年被授予元帅军衔。1830 年，他又和克劳塞维茨联手，前往普鲁士东部，对付波兰起义，最后在 1831 年流行的霍乱中先后病逝。

在驻守科布伦茨期间，长于理论思考的克劳塞维茨就写出了许多关于战争的警句，玛丽不断鼓励他根据战争的根本性质加以补充，并使之系统化。克劳塞维茨后来用 12 年写出了系统的世界军事名著《战争论》。当它在 1832 年出版的时候，前言就是玛丽撰写的。

《战争论》是在研究分析了历史上从 16 世纪到 19 世纪的 130 多个战局的基础上写出的，它引起了战争理论上的一场革命，奠定了近代军事思想的基础。克劳塞维茨在其中表达的最著名的思想即是政治为“整个社会的一切利益的代表”，战争是政治的工具，是政治通过另一种手段的继续。克劳塞维茨还提出了精神、物质、数学、地理和统计是夺取胜利的五大战略要素。对于集中优势兵力于主要方向、最大限度地使用全部军力、在防御战中积极歼敌、积极利用民众作战等战略、战役和战术问题，克劳塞维茨都创造性地进行了思考。

.49.

被误解的菩提树下大街

菩提树下大街是柏林最为著名的大街，长 1475 米，宽 60 米，在西起于勃兰登堡门，在东止于新皇宫桥。

菩提树下大街起源于 1575 年的一条用于王公骑马的道路，当时在桥梁和防御工事之间铺设了一条沙道。到了 1647 年，威廉大公在这条道路上种植了 2000 多棵树。结果其中的胡桃树都死了，而活下来的都是银椴树，街名由此而来。

菩提树下大街的德文名称是“Unter den Linden”，意为“椴树下”，但其中的“Linden”却被译成了“菩提树”，很可能是在由日语转译的过程中发生的，因为椴树在日语中也被称作菩提树。但中文中早已经习非成是，很难再改成“椴树下大街”了。

1734 年，在勃兰登堡大门口修建了长宽各为 120 米的正方形巴黎广场之后，菩提树下大街陆续建起了宫殿等建筑，很快就热闹起来。

德意志帝国在 1871 年建立后，商业金融机构纷纷搬迁到这条街上，使它成为著名的金融区。不过，这条街依然首先是皇室之街。威廉一世每天都要在他的宫殿里向外观察这个街区，每当勃兰登堡门的军人换岗的时候，他都要偷偷地从窗帘缝间窥看。

著名的腓特烈大王纪念铜像也树立在菩提树下大街的安全岛上，具体位置在柏林大学段。

这尊铜像在 1851 年铸成，高 13.5 米。大王的姿态是骑马状，头戴三角帽，手执权杖，脚上穿着翻口马靴。

在铜像台基上雕刻了 150 位普鲁士王国的重要人物，还特别让军人处于前面的位置，康德和莱辛就位于马尾巴下面，这种排列方法让一些人觉得很不是滋味。

铜像在东德时期被迁移到波茨坦的无忧宫安放，直到 1981 年才迁回菩提树下大街。

.50.

洪堡兄弟与“现代大学之父”

柏林大学就坐落在菩提树下大街东段。

在大门铁栅栏之前，一左一右树立着两座白色雕像，他们是威廉·洪堡和亚历山大·洪堡兄弟。

柏林大学的名称在 1828 年被确定为柏林腓特烈·威廉大学。第二次世界大战迫使柏林大学闭门停学，到了 1946 年才得以重新开放。在 1949 年以洪堡之名改名为柏林洪堡大学。洪堡兄弟的头像也出现在柏林大学的校徽上。

亚历山大·洪堡后来以探险家、自然科学家和地理学家闻名，还是近代地质学、地磁学、气候学和生态学的创始人。他拿着 9 万塔勒[①]即相当于后来的 90 万马克的巨款完成了世界环游，在 5 年间行程达 2 万多公里，其美洲之行可谓是历史上最昂贵的一次自费科学考察，他也因此被人称为“哥伦布第二”。在徒步攀登海拔 5881 米的欣博拉索山峰顶之后，通过高山病的体验，他提出了高山缺氧理论。第一张全球等温线图和第一盏矿工安全灯都出自亚历山大·洪堡之手，大气等

柏林大学校徽

① 塔勒：当时流通于德国地区的银币。

压线、等温线的概念也是由亚历山大·洪堡提出的。从美国回到欧洲之后，亚历山大·洪堡出版了30卷的旅行记。当他60岁之后，他还去中亚地区、乌拉尔和西伯利亚一带旅行考察，而后用25年的时间写成了他的又一部名著《宇宙》。达尔文在思考和写作进化论方面的著作时，就大量引用了亚历山大·洪堡的考察资料和研究成果。

威廉·洪堡1767年出生在波茨坦一个贵族家庭，祖父和父亲均为普鲁士军官，父亲当过高级副官和宫廷侍卫官，母亲则来自一个法国胡格诺派教徒的家庭，继承了家族的大宗遗产。当她1796年去世之后，这笔遗产又往下留给了洪堡兄弟，结果，威廉·洪堡分到了柏林的一处房产和特格尔庄园，亚历山大·洪堡分到了9万塔勒。

威廉·洪堡先在法兰克福大学读法学、经济学、教会史和国家史，而后又在哥廷根大学学习法学、历史和哲学课程。毕业不久，他没有急于去社会上施展抱负，而是在1791年到1794年前后，实行了自己的“自我教育计划”，开始对政治问题、教育问题和以希腊文化为焦点的欧洲古典文化的学术探索。

1794年初，威廉·洪堡和妻子卡罗琳移居耶拿，卡罗琳在认识丈夫之前，就和席勒的妻子是亲密的朋友。他们两家人事先就商定要一同在耶拿居住。之后他们都在耶拿安居，两家的住所挨得很近，洪堡和席勒常常每天都要互访几次，他们都对“自我教育”有着高度的认同感，也都主张人性至上，一个人应当自我发展完美而和谐的人性，这个目标并非遥不可及，古希腊人就已经达到过这一目标。

威廉·洪堡与歌德、席勒有着深厚的友谊，尤其是席勒在他的心目中有着非常高大的形象。洪堡曾将康德视为哲学天才，将歌德视为诗歌天才，而席勒则被他视为兼具哲学天赋和诗歌天赋的天才，已经是完善的与和谐的人类知识的代表。1805年席勒去世后不久，洪堡伤心至极，他在写给克尔纳的信上悲叹道：席勒的去世使他感到像是突然失去了一颗给他指出知识方向的明星，因为在结识席勒之后，他写每一篇文章都是以席勒的思想作为唯一的判断准则。到了1830年，洪堡还将自己与席勒的部分往来信件汇集成册出版，并加写了序言《关于席勒及其思想发展的过程》。

19 世纪开头的几年里，洪堡是在罗马度过的。作为派驻梵蒂冈教廷的使节，他同时像在巴黎那样，成了一个德国文化的使者。

施泰因领导普鲁士改革之后，向国王力荐洪堡出任文教司司长。洪堡的管辖范围包括从小学、中学到大学的教育，还有科学院的活动与教会事务。但是，由于施泰因去职，自己又与内政部长相处不和，洪堡在这个位置上只待了一年半的时间。

柏林大学的创建无疑是洪堡担任文教司长期间的最大建树。

1807 年，普鲁士不敌法国军队的入侵，且战且退，国王威廉三世已经撤到了普鲁士东部的小城麦默尔。普鲁士也随着领土的丧失而少去了 7 所大学。8 月份，不得不流亡的哈雷大学校长率部分教授觐见威廉三世，请求以哈雷大学教师为基础在柏林重建大学，国王当时甚为感动，大声回答道："好，有勇气！国家应以精神的力量来弥补物质上的损失。"9 月 4 日，他发令称："由于易北河彼岸地区已被割让，国家丧失了哈雷大学，从而失去了最重要、最完备的教育机构。填补这个空缺应当是国家重新缔造时期的首要任务。法兰克福和柯尼斯堡那两所大学并不合用，因为前者基金有限。……后者则远离政府所在地。"他将原来发给哈雷大学的经费全部拨给柏林大学，将王子海德里希的宫殿赠予柏林大学。该宫殿建于 1748 年至 1766 年的，位于今日菩提树下大街 6 号。

柏林大学筹建之时，德国大学的生命力普遍式微，大学是存是废已经开始被热烈地争论。由于科学院和专业学校兴起，大学被视为中世纪的遗留物和僵化的行会组织，其存在的合法性受到质疑，18 世纪末，19 世纪初，德国半数大学被关闭或转为其他学校。法国人也主张抛弃传统，按实用原则将大学分为由国家直接管理的专门高等学校。因此，负责柏林大学筹建初期工作的内阁大臣拜默所计划的，只是一所"高等教育机构"，甚至不会沿用大学之名。

洪堡以其卓然真思开时代新风，他坚持认为"大学是一种最高手段，唯有通过它，普鲁士才能为它自己赢得在德意志世界以及全世界的尊重"。他在 1809 年 7 月下旬即当上文教司长后的第 6 个月，就向国王呈上了建立柏林大学的申请，并得到了包括伟大的哲学家费希特和伟大的神学家施莱尔马赫等著名人物的鼎力支持。

柏林大学被人们尊称为“现代大学之父”，德国乃至其他国家的大学后来都纷纷效仿柏林大学崭新的办学理念和办学方法，从而兴起了全德国范围内乃至世界范围内的高等教育改革。

洪堡的大学观强调研究与教学之统一、科学与教养之统一、科学与启蒙之统一和科学自身之统一。

当时的科学院已经失去了昔日的光辉，亚历山大·洪堡甚至将普鲁士科学院戏称为一个“慢性病院”，在那里患病之人比健康之人休息得更加舒适安逸。有鉴于此，洪堡将科学研究列为和教学并重的大学的又一项重任。他相信在大学里，在朝气蓬勃、思维活跃的年轻学子当中，更容易催产和不断更新科学思想，作为推动德国科学向前发展的力量的策源地，大学应当成为首选，其次才是科学院。

洪堡要求大学在教研工作、学术交流、学位授予、行政管理的各个方面都享有应有尽有的自由。这种自由具体到学生的自由上，洪堡主张：大学生的自由也就包括什么也不学、什么也不做的自由。学生可接受教师指导，也可独立研修，“听课径可偶尔为之”。因此，当时的大学也并不像今日那样以学术上的声誉来区分，而是津津乐道学生整体生活的气氛如何，如马堡大学看学生发生过多少次决斗，莱比锡大学看学生放荡到何等程度，蒂宾根的学生经常去农民居住区和犹太区捣乱，他们闯入正在举行婚礼的场所，袭击犹太人的店铺。

为了纪念洪堡对教育与科学研究事业的不朽贡献，德国于 1960 年设立了洪堡基金会，总部放在波恩。现在基金会每年都为 1800 名世界各国的学者提供在德国从事科学研究的机会，2 万名洪堡奖学金获得者组成的联络网已经覆盖了所有专业领域并遍及全世界 130 个国家，得到洪堡基金资助的学者中产生了 40 多名诺贝尔奖获得者。

在辞掉文教司长职务之后，洪堡旋即又被任命为普鲁士王国驻维也纳特命全权公使。他致力于把奥地利争取到由俄国、英国和普鲁士组成的反法同盟一边，在民族解放战争进行当中和胜利之后，又代表普鲁士和英国、奥地利等国谈判，作为首相哈登贝格的副手参与维也纳会议。

洪堡还为抢救和保护德国文化遗传做出了独特的贡献。众所周知的是，当时德国的大量艺术珍品被拿破仑劫掠去了法国，连勃兰登堡门上的胜利女神和双轮车也被法军拆卸下来，装了12个大箱，作为战利品运回了巴黎。洪堡在维也纳会议之后，多次和法国人展开谈判，为德国的画廊、教堂、博物馆、艺术馆和图书馆等索回了绝大部分被抢走了的收藏品，其中，包括海德堡大学图书馆的4000多册手写书珍本，它们在“三十年战争”期间被抢去送给了罗马教皇，后来一部分又落在了拿破仑手上。

1819年夏天，洪堡当上了普鲁士宪法部长。他力主保障个人法权、信仰及新闻出版自由、限制首相权力和培养公民参与意识的改革，结果开罪于威廉三世，到了年底就被解职。

1822年，当哈登贝格死后，不少有识之士纷纷举荐洪堡担任内阁首相，威廉三世也承认，洪堡的能力应是首相一职最合适的人选，然而，他最终没有将担子压到洪堡的肩上，也许，洪堡自由民主的思想倾向让他有所忌讳。

8年之后，当洪堡积极筹建的新博物馆在柏林揭幕之际，他再被任命为博物馆委员会主席，威廉三世还特意发布内阁命令，授予洪堡黑鹰勋章，并表示希望他考虑重新参加国务工作。不过，这时候的洪堡已经不再对政治有太大的兴趣了，相反，被解除宪法部长职务之后，他充满激情地将更充裕的时间投入到了学术问题的钻研之中，特别是对语言学的研究结出了硕果。

洪堡钟情于语言研究，他认为语言不仅有雷同于呼吸的作用和特性，而且还是一个民族生存所必需的“呼吸”，是一个民族的灵魂之所在。一个民族所在的自然环境和人为条件在一定条件下都可以跟这个民族脱离开来，唯有语言却是它无论如何都不能舍弃的。一个民族通过其语言，才能将部分人类群体凝聚为某个民族，一个民族的特性也只有在语言之中才能被完整地铸刻下来。

洪堡提出了哲学中著名的语言决定论，认为各种言语都在为自己编织着一张网，编织着一张围绕着本民族的网，这张网就构成了该民族的世界观。外语教育因而被洪堡视为一种人性教育，学习外语将有助于扩大自己世界观的范围，并且使不同民族的人们互相接近，因此学生应该学习古典语言并尽可能多地接触外国语言。

进入柏林大学的大门，就可见主楼前又竖立着一尊人物雕像。这个被塑之人是德国生理学家、心理学家和物理学家赫尔姆霍茨，他曾被后人誉为达尔文之后最伟大的科学家。

赫尔姆霍兹在 1821 年 8 月 31 日出生于柏林，1871 年任柏林大学物理学教授。赫尔姆霍兹在 1847 年发表了著作《论力的守恒》，提出了一切自然现象都应该用中心力相互作用的质点的运动来解释，由此证明了活力与张力之和对中心力守恒的结论，进而讨论了热现象、电现象、化学现象与机械力的关系，并指出把力的守恒原理运用到生命机体中去的可能性。对能量守恒定律的建立做出了贡献。

赫尔姆霍兹在 1856 年到 1866 年间发表的三卷本《生理光学手册》被誉为经典之作。他对听觉问题的研究成果集中体现在出版于 1863 年的《音乐的生理学理论》一书中。他对阿拉伯人—波斯人的音阶、视觉后象、色盲、双眼视界的形式、人眼的活动、几何公理等都有独到的研究。他在生理光学的研究过程中发明了检眼镜。在晚年又对无线电报和无线电收音机的发明做出了间接的贡献。

柏林大学

.51.

贝聿铭参与扩建的历史博物馆

柏林大学东侧就是新岗亭，新岗亭东侧就是军械库，在其正面顶端树立着智慧女神密涅瓦的塑像，后来加上去的一双翅膀来自贝聿铭的创意。

军械库由勃兰登堡选帝侯腓特烈三世兴建于 1695 年和 1730 年之间，是柏林的第一座巴洛克式大型建筑，也是菩提树下大街上最老的建筑。建筑物上还铭刻着当时的建筑师安德里亚斯•施吕特尔以及 1815 年后被委派进行改建工作的申克尔与沙多的富有特色的手迹。

军械库一开始是作为炮兵兵工厂使用的，在 1875 年做了军事博物馆。

军械库在二战时期受到严重损毁。从 1949 年至 1965 年，柏林军械库得到重建，内部是完全重新设计的。而从 1952 年开始，东德政府在军械库开设了德国历史博物馆。

当时的西德政府也想建立一个德国历史博物馆，馆址选在西柏林的国会大厦附近。但当历史博物馆的设计招标刚刚结束，柏林墙就倒了。于是，在接收东德的德国历史博物馆藏品的基础上，在军械库成立了新的德国历史博物馆，这也是在德国统一之后第一个将东西德的文化设施合并在一起的成果。

2004 年，由世界著名建筑大师贝聿铭设计的博物馆新翼完成。它为博物馆新增了 2700 平方米的展览面积，用于临时展览。螺旋式楼梯的玻璃中心柱蜿蜒在新翼的三个楼层之间，看上去就宛如一个透明的蜗牛壳。在每一个楼层，走廊就像露台一样伸进雄伟的玻璃大厅。

德国历史博物馆的门票是 4 欧元。在军械库 7500 平方米的展览面积展出了其中的 7000 多件，而其总的藏品数量高达 85 万件。

德国历史展占据了军械库的两个楼层，它以欧洲为背景，呈现上下 1500 年的德国历史。

一开始的大型投影显示做得非常好，成像非常清晰，用色和谐又具有很好的区别性，将德国 1500 年间的区域变化动态地显示了出来。

而后的图文和实物展区的叙事主线索落实在政治史上，并兼顾社会发展的其他方面，对社会各阶层的日常生活也给予了特别的重视。

在二楼，“宗教改革与三十年战争”部分介绍了 1500 年到 1650 年间的德国历史；“诸侯势力和欧洲联盟”部分介绍了 1650 年到 1789 年间的德国历史；“法国大革命和德意志帝国”部分介绍了 1789 年到 1871 年间的德国历史；“德意志帝国与第一次世界大战”部分介绍了 1871 年到 1918 年间的德国历史。

在一楼，“魏玛共和国”部分介绍了 1918 年到 1933 年间的德国历史；“纳粹政权与第二次世界大战”部分介绍了 1933 年到 1945 年的德国历史；“盟军占领下的德国”介绍了 1945 年到 1949 年间的德国历史；“德国的分裂和统一”部分介绍了 1949 年到 1994 年的德国历史。

德国历史博物馆的名人展区

.52.

纳粹焚书的地点之一倍倍尔广场

与柏林大学隔菩提树下大街相望的，就是倍倍尔广场。这个广场以前名叫剧院广场，后来为了纪念奥古斯特·倍倍尔而改名。倍倍尔生于1840年，死于1913年，是德国和国际工人运动领袖、德国社会民主党和第二国际创始人之一。

倍倍尔广场这一带最开始是腓特烈大王重点建设的弗里德里希花园。腓特烈大王当时发誓要将柏林建设成为北方的雅典，成为近代欧洲的文化中心，他也希望通过建筑来投射抽象的国家权威。当他上台后下达的第一道指令就包括，指派宫廷设计师克诺贝尔斯朵夫在倍倍尔广场东端的位置建立一座可以容纳2000名观众的歌剧院。作为德国的第一家皇家歌剧院，它要成为当时欧洲最大的剧院。

菩提树下大街的国家歌剧院从1741年开始修建，次年12月7日以演出格劳恩的歌剧而首度亮相。在国家歌剧院大门上，用拉丁文写着“腓特烈国王献给阿波罗和缪斯”。

这个歌剧院的剧院大厅可以容纳1396名听众，名叫阿波罗的小音乐厅可以容纳240名观众。它的德文名字是“Deutsche Staatsoper”，现在常常会和位于柏林西部的德意志歌剧院混淆，一些网页在介绍德意志歌剧院的时候，常常误用了国家歌剧院的图片。

在歌剧院的南侧建造的圣赫德维希主教堂则是柏林的首座罗马天主教

堂，克诺贝尔斯朵夫的设计灵感来自罗马众神殿。

腓特烈大王在成功地从奥地利手中夺走了它经济最发达的西里西亚地区之后，为了给天主教徒的宗教活动提供服务，于 1747 年开始建造这座教堂。中途因为资金短缺和“七年战争”的影响而停工，当巨大的绿屋顶展现在人们眼前的时候，已经是 19 世纪。

圣赫德维希主教堂在二战中被毁，在 1952 年到 1963 年间得到修复。地下室葬有很多大主教，还保存着一幅 16 世纪的圣母像。

腓特烈大王热爱阅读，时刻都离不开书的陪伴，即使在打仗途中，他也有一个“战地图书馆”，方便随阅随取，他自然也忘不了要在弗里德里希花园修一座图书馆。根据腓特烈大王的具体要求，一座仿照维也纳霍夫堡宫的图书馆也在 70 年代落成了。

腓特烈大王有关这一区域的建筑平面图和里面图在当时被广泛传阅，歌剧院和图书馆落成之后也都免费对公众开放。

腓特烈大王本来还想将宫殿也修在这里，但在第二次西里西亚战争之后，他的这一兴趣消失了，歌剧院于是成为阿尔卑斯山以北首座不与王室宫殿并处在一起的歌剧演出场所。倍倍尔广场因此也可以说是一个缺少宫殿的宫殿广场。

纳粹时代那次臭名昭著的焚书活动发生在 1933 年 5 月 10 日，在几乎所有的德国大学城都发生了焚书事件，柏林的焚书场地就选在了倍倍尔广场。

焚烧者在白天就用几米长的木材堆出八座燃烧台，为了保护地上的砖瓦，还特别在地上铺上了一层厚沙，晚上 9 点半开始下雨，负责烧书的人还不得不将被淋湿的木材擦干，而后有 2.5 万册“不符合德国精神”的图书被投入了火焰当中。

被焚书籍的名单是图书馆馆员沃尔夫冈·赫尔曼准备的，长达 131 个作者的名单在 5 月 16 日正式发表。赫尔曼当时刚刚在国家图书馆馆员协会的“民族书籍德国中央部”当了负责人。

为了不忘历史，在倍倍尔广场中央挖了一个长宽各 7 米、深 5 米的地下室，里面放置了一排排白色书架，而书架上空无一物，参观者只能在地面透过 1.2 米见方的玻璃向下俯瞰。

在一个薄薄的金属片上，刻着海涅写于 1823 年的《抒情插曲》中的一句话：“焚烧书籍之处，人类终将焚灭。”

圣赫德维希大教堂局部

.53.

异常美丽的宪兵广场

宪兵广场上坐落着柏林音乐厅、德意志教堂和法兰西教堂三座知名建筑。宪兵广场的名字多有变化，最初被称为菩提树广场，以后称作弗里德里希城广场或新广场。1736 年至 1782 年，广场被军人使用而更名宪兵广场。为了纪念国家科学院成立 250 周年，广场曾被改名为学院广场。到了 1991 年，又恢复为宪兵广场。

位于广场北部的法兰西大教堂最先建立。它是为 1685 年因为《南特赦令》被废止后从法国逃到柏林的胡格诺派新教徒设立的。在被毁坏后，于 1705 年重建完毕，设计者是路易斯・凯阿特和阿布罕姆・克韦斯奈。它的瞭望台高 66 米，是瞭望柏林的绝佳高处之一。

胡格诺博物馆设在教堂的塔内，门票 2 欧元，既可以在那里观看与法国胡格诺派与勃兰登堡胡格诺派有关的历史，也可俯瞰柏林市容。

柏林音乐厅和法兰西大教堂

《南特赦令》是世界近代史上第一份有关宗教宽容的敕令，由法国国王亨利四世在1598年4月30日于南特主教座堂签署。

《南特赦令》承认了生活在法国的胡格诺派教徒的信仰自由。胡格诺派是基督教新教加尔文教派在法国的称谓，其原意就是“日内瓦宗教改革的追随者”。《南特赦令》甚至在军事上允许胡格诺教徒保留100多座城堡，拥有军队和武器。为了安抚天主教徒，亨利四世在签署这条敕令后，更宣布天主教为法国国教。

德国作曲家梅耶贝尔创作过17部歌剧，其中一部名作《胡格诺教徒》就取材于胡格诺教派的历史。他在剧中多次直接采用《上帝是我们坚固的堡垒》等新教歌曲，让路德赞美诗在音乐中占据重要地位，表现新教派的情感和场景，使歌剧中的人物形象十分鲜明丰满。1836年首演后，很快演出了数百场。

梅耶贝尔1791出生在柏林一个犹太家庭，他的母亲阿玛利亚·贝尔因为在慈善活动中表现突出而获得了路易丝勋章。

梅耶贝尔一开始创作的是德国歌剧，但没弄出啥名堂，后来潜心学习钻研，最后在巴黎发展得如火如荼，跻身为19世纪法国式大歌剧的创建人和主要代表人物。

胡格诺教徒没在《南特赦令》过上太久的安定生活。1685年10月18日，法王路易十四彻底废止《南特敕令》，导致数年内有25万以上的新教徒逃出法国。

他们的逃亡目的地首选英国、荷兰和德国东部新教地区，约有2万人到了勃兰登堡，其中至少6000人留在柏林，当时柏林人口总共也不过1.5万人，其中含军人2000人，人口因而突然在原来基数上增加了4成。

普鲁士一向力倡宗教宽容，曾被形容为受压迫人民的伊甸园。为了填补“三十年战争”造成的巨量人口数量空缺，尽快恢复勃兰登堡的经济，普鲁士政府让到来的胡格诺教徒住在特区，享受价格低廉的住房、免税、低息贷款。

胡格诺教徒也为普鲁士带来了不少益处。在他们到来前，大多数柏林人晚上用烟大味臭的鲸脂油灯，只有少数富人能够点上蜡烛。在那之后，很快就办起了注油灯厂，到 18 世纪初，注油灯厂的数量多达 40 间，使鲸脂油灯成为历史的回忆。他们也给柏林带来了农业种植技术，让柏林人吃上了更多品种的蔬菜水果，有更多品种的鲜花可以养心悦目。跟着他们的脚踪，其他国家的人纷纷进入柏林，柏林人口很快在 30 年后达到了 3 万人。

柏林街道的门牌编制也起源于 1776 年，是胡格诺教徒按腓特烈大王的旨意进行的。这种编排方法有异于德国其他城市，是从街道的一边的一端开始按序排下去，排到该边的另一端，再从街道的另一边排回来。

法兰西大教堂局部

位于宪兵广场南部的德国大教堂最初也叫作新教堂，在 1701 年至 1708 年间设计建造。其主体是五片花瓣形状的建筑。在 1780 年至 1785 年开展的广场改扩建工程中，根据贡塔德的设计，加上了一个圆柱式的前厅和一个 7 米高的镀金圆顶。二战被毁后在 1993 年得以重建，展览原来在德国国会大厅中的有关德国历史问题的文献资料，从 2002 年 4 月开始，正式推出了德国联邦议会历史展。

在宪兵广场中央，树立的席勒塑像是柏林最早的诗人纪念塑像。它本来该在1859年10月10日落成，以便纪念席勒100周年诞辰，但计划没有取得大家的共识，有些人主张树立莱辛雕像，有的人主张树立歌德雕像，还有的主张树立他们三人的雕像。后来又因为普法战争耽误了一些时间，最后在1871年才最终落成。席勒塑像周围有4个陪衬小塑像，主题分别与抒情诗、戏剧、哲学和历史学有关。

1935年宪兵广场改建时，席勒塑像被搬走，再安放上去时用的是复制件。原件1951年才在西柏林的一个仓库里找到，到了1986年，东西柏林进行文化交流，席勒塑像的原件才得以重返故地。

位于宪兵广场东部的国家剧院由朗汉斯在1800年至1802年间设计建造，很快在1817年毁于一场大火。

申克尔在剧院原址的废墟上进行了新建，将原有建筑的残余部分融入了新的建筑之中。建筑中间部分高大、宽阔，前面突出，建有爱奥尼亚式圆柱。剧院外的阿波罗的太阳车主题塑像也是申克尔设计的。国家剧院开业晚上，申克尔将柏林全景图作为舞台背景。瓦格纳后来也在这里亲自指挥过演出自己的《漂泊的荷兰人》。

在二次大战期间再次被毁之后，国家剧院只是被保护了起来，系统的修复工作直到1979年才得以进行。1984年，重新启用的剧院改为了柏林音乐厅。

.54.

璀璨至极的博物馆岛

闻名于世的博物馆岛位于施普雷河与青铜护城河之间，这片区域在 17 世纪中叶还是普鲁士的皇家菜园。

1817 年，申克尔受命对这片区域进行总体规划。他首先构筑桥梁、填平沟渠，整治了军械库和博物馆岛之间的河道。跟着就展开了一场为时数年的有关如何在公共场所展示艺术品的讨论。一个博物馆委员会也应运而生。

申克尔建议在正对王宫并紧邻军械库和今日柏林大教堂的优越地段建设博物馆。国王威廉三世给予了赞同，老博物馆因而在 1824 年于博物馆岛北部开始修建并于 1830 年建成开放。

威廉四世在 1841 年批准整个小岛作为艺术品和古董科学研究区，作为一个极为喜欢浪漫的国王，他甚至将自己的陵墓也选在了这里。申克尔的得意弟子施蒂勒在老博物馆后侧设计了一片“艺术与科学自由圣地”，虽然他的总体设计没有得到全部实施，但今日博物馆岛的基本格局却被确定了下来。

博德公爵从 1872 年出任老博物馆馆长，1905 年又开始担任博物馆岛的总馆长。岛上各博物馆以考古和文物古董为重点，很快成为欧洲和世界的知名博物馆群。

博物馆岛在二战中被炸得乱七八糟，只有 3 成建筑幸存。好在藏品都在战争期间被分散保存到了柏林城内的其他地方，待到战后才一一收回。

1994年为修复博物馆岛进行了设计招标，意大利建筑师格拉斯中标，他在设计图上为各个博物馆设计了一个共有的大门。

老博物馆的年龄仅仅次于1779年建成的卡塞尔腓特烈博物馆。老博物馆的开放之日选在威廉三世60岁生日之际。

当初在为老博物馆物色馆长人选的时候，威廉·洪堡想到了他的弟弟。亚历山大·洪堡那时正在俄国西伯利亚考察。

尼古拉一世在1825年登基为新沙皇之后，想采用白金来铸造货币。由于白金要在乌拉尔山区以有限的规模进行开采使用，俄国财政大臣请求亚历山大·洪堡鉴定这一可行性。亚历山大·洪堡承担了这个任务，并提出要考察乌拉尔三区和西伯利亚部分地区。在经过2年的准备之后，他盼望了36年的亚洲考察旅行终于成行了。亚历山大·洪堡最后走到了阿尔泰山脉。

亚历山大·洪堡听了哥哥建议他当博物馆馆长的消息后，十分不悦，他回信道："亏你想得出来，让我去担任博物馆馆长！为了忙于那些事务，它们将与为我创造世界声誉的一切都对角线般地完全对立！我要是接受了这份工作，那就太贬低我了，我会断然拒绝的，即便人们不问我的意见就任命我。"

洪堡兄弟之间的差异的确非常大。威廉·洪堡总结了其中的一条差异就是："弟弟缺乏德意志的家乡感，我的父母只有两个孩子，而且恰好两个，在整体上有完全同样的方向，其实仅仅生活在思想中和对事物的精神检验中，然后，突然在所有问题上都分裂成更大的不同和对立，作为生活在不同天体上的人。基本上可以说，亚历山大并不是后来变成这样的，而是他从来就是这样的，外国没有改变他，而是他在寻觅外国，因为他在德国不可能有归宿感，尽管他比绝大多数德国人都出色。"

因为地基潮湿，老博物馆建在3000多根地桩之上，建筑风格则借鉴了古希腊拱廊，爱奥利亚柱有18根。申克尔在大门上用拉丁文镌刻上"为了研究文物和美术"一行大字。

老博物馆主层用于展示古典艺术收藏，二楼用于陈列名画，但由于展示空间依然不足，原来要将柏林所有的艺术收藏集中在此的宏愿未能实现。

普鲁士皇家对古典艺术的收藏很早就着手了，但真正成器是在 1698 年，当时他们收购了罗马考古学家贝洛里拥有的一批古典工艺品。在腓特烈大王时期和后来年代里又多次购得了一流的古希腊古罗马艺术品。它们主要展示于老博物馆。公元前 500 年的《陶工索西阿斯的饮水钵》、公元前 2 世纪的《阿芙洛狄忒陶像》、公元前 1 世纪的《绿恺撒》是其中的神品。

老博物馆

新博物馆从 1843 年开始修建，国王威廉四世也亲自为它设计了草图，内部装修在 1859 年完成。施蒂勒在设计建造过程中引入很多当时的新技术，比如首次将预制钢架应用于艺术类建筑。展厅的设计也别出心裁，与要在其间展出的艺术品的特点形成直接的呼应，比如古埃及展厅的装饰便效法了埃及建筑。

新博物馆的重要构成有埃及博物馆及其古文稿收藏馆、史前和古代历史博物馆。

早在1698年，勃兰登堡选帝侯的古玩陈列室内就有一个古埃及部分。到了1828年，在威廉·洪堡的建议下，埃及博物馆就成为负责普鲁士皇家艺术收藏的最早的一个机构。

史前和古代历史博物馆的前身可以追溯到普鲁士皇家民族学博物馆的史前历史部，它主要收藏来自高加索、伊利利亚半岛、伊朗、波罗的海地区和意大利等地的史前文物。

公元前1340年的《埃及艳后头像》、公元前1000年的《黄金帽》是新博物馆的两件神品。

老国家艺术画廊在1866年破土动工，它的诞生有赖于柏林银行家瓦格纳慷慨地将262幅绘画杰作赠予了普鲁士王储，王室跟着做出了向公众展示它们的承诺。老国家艺术画廊的收藏重点自然是优秀的德意志艺术，到了19世纪末，20世纪初，当时的馆长胡戈·冯·楚迪又购回了一批塞尚、马奈和莫奈等法国印象派画家的代表作，使得这个画廊的藏品种类得到扩充，也具有了国际性的规模。

博德博物馆建造于1904年，其建筑采用了巴洛克式，威廉二世指定恩斯特·埃伯哈德·冯·伊内主持设计，1905年到1920年担任普鲁士皇家博物馆总馆长的博德也参与了室内设计。

这个馆之前以国王腓特烈三世的名字命名，为了纪念博德，在1956年改为现名。博德博物馆内设雕塑收藏馆、拜占庭艺术博物馆和硬币陈列室。

博德为这个博物馆收集了能够代表整个西方雕塑史各个时代的优秀作品。1645年创作的《原罪》、1717年创作的《圣母玛利亚》、1809年创作的《舞蹈女子》都是神品。

在为柏林收集到了首屈一指的欧洲绘画和雕塑作品之后，博德将目光投向拜占庭艺术，在1904年成立了独立的拜占庭艺术博物馆，所收藏的大量作品填补了古典艺术和近代艺术之间的空缺。玻璃和天然石马赛克蜡嵌木板上的《慈悲基督圣像画》就是博德拜占庭艺术收藏中的一件神品。

硬币陈列室无论在规模和藏品的完整性上都位列世界之首，从公元前7世纪小亚细亚的钱币直到21世纪的钱币和纪念币让人大开眼界。

1909年开始修建的派加蒙博物馆因为第一次世界大战而迟于1930年才建成。阿尔弗雷德·梅塞尔的建筑设计曾被威廉二世认为“太过现代”，由三部分构成的建筑借用了古希腊建筑形式，同时尽量舍弃了装饰元素。梅塞尔未能等到动工就去世了，他的好友路德维希·霍夫曼接手后，对原设计进行了修改，简化了展览空间，以便更好地突出展品的艺术效果。

派加蒙的名字取自馆藏最重要的派加蒙大祭坛。这个祭坛的部分残体每年吸引上百万游客前来观赏，它产生于公元前175到公元前150年间，质料是马尔马拉大理石，高2.3米，宽113米，在1878年到1886年间出土。

派加蒙大祭坛上有宙斯和雅典娜组雕，它描绘了奥林匹克诸神在日神、夜神、命运和海洋之神的帮助下，与代表无序与混沌的巨人族激战并最后取得胜利的过程。

伊斯兰艺术博物馆也内设于派加蒙博物馆。它的起源是奥斯曼苏丹送给了德国皇帝一件惊人礼物——伊斯兰早期的穆萨塔宫残墙。博德后来也将自己收藏的波斯地毯捐赠了出来。最后该馆汇集了大量从8世纪到19世纪的伊斯兰艺术品。

西亚博物馆也设在派加蒙博物馆内，它从一个侧面显露了德国亚述学和近东考古学的发达程度。

.55.

重点收藏德意志美术的老国家艺术画廊

老国家画廊的展区分为三层，一层主展“古典主义雕塑和多面的写实主义”，二楼主展“理想主义至现实主义和印象派”，三楼主展“歌德时代与浪漫主义”。

位于一楼展厅入口处的《露易丝和弗里德里克姐妹》由著名雕刻家约翰・戈特弗里德・沙多在 1795 年到 1797 年间创作。质料是大理石，高 172 厘米，宽 88 厘米，深 59 厘米。

老国家艺术画廊

沙多刻画了后来成为普鲁士王后的路易丝和她的妹妹弗里德里克手挽手的美丽姿态。他对人性的挖掘极为出彩，露易丝正平静地望向远方，仿佛要镇定地去迎接即将到来的王后重任，而妹妹倚靠着姐姐，半是在沉思，半是在梦想，并轻轻扶着姐姐搭过来的左手。姐妹之间的情谊、性格差异和人生道路的不同，都被很精微地给表现了出来。

德国浪漫主义文学的大家诺瓦利斯非常推崇这尊有关露易丝与比她小 2 岁的妹妹弗里德里克的雕塑，他进而认为各个学校都要摆放这座雕像名作的复制品，形象客观地体现办学宗旨。

由于雕塑上的露易丝和弗里德里克姐妹身着几乎透明的夏季裙装，因而从某个层面去看，会察觉是否有点色情成分存在，因为这个原因，这尊雕塑曾被封存了很多年。

罗丹的著名雕刻《思想者》《青铜骑士》《人及其思绪》也被收藏在老国家艺术画廊。

《人及其思绪》是大理石雕塑，高 77 厘米，宽 46 厘米，深 55 厘米。其形象是一个满脸络腮胡子的艺术家虔敬地跪在他雕刻的少女面前，艺术家的口部贴着少女的胸部，仿佛艺术创造行为还没有完全结束，还在等待艺术家将灵魂吹入那个少女身体之后，充分表达了分与合、阴与阳、行动与思考、艺术家和缪斯、奉献和承诺之间的二元关系。

莫里茨·冯·施温德的《玫瑰，或艺术家的远足》也在这里非常耀眼。

施温德喜欢写诗，对演奏钢琴和小提琴很在行，嗓子也好，能演唱一些歌剧片断和艺术歌曲，曾经是舒伯特的密友，因此，其绘画与音乐关联颇深。

有一次，舒伯特上施温德家里，约他一起散步，而施温德的画还没画完。于是，在等候的那段时间里，舒伯特急就了著名的《听，听，云雀！》。

他俩当时的经济条件都很差。有一次，舒伯特马上想要写一首曲子，可是他那些天穷得没钱备好五线谱纸，于是施温德拿起笔和尺子就在一张纸上面画起了谱纸，笔迹还未干，舒伯特就已经完成了他的曲子。

施温德后来根据歌德诗歌的意蕴绘制了《丘比特和普塞克》的故事，

还为位于巴伐利亚菲森的旧天鹅堡绘制了壁画，内容有关尼伯龙根之歌和意大利诗人塔索的《解放耶路撒冷》，因而获得了“诗人画家”的称号。

1847 年，施温德被任命为慕尼黑学院的教授。8 年以后，他在瓦特堡完成了绘制《歌手大赛》和匈牙利的圣伊丽莎白历史壁画的重任，声望达到了顶点，人们专门为他举办了一个音乐节，他亲自在其中和其他琴手一起演奏小提琴。

在《玫瑰，或艺术家的远足》一画中，施温德描绘了一个浪漫的中世纪德国，其中有德意志的森林、动人的歌声和得不到回报的爱情，施温德具体解释道：“这幅画主人公是走在最后的那个乐师，他是一个有着远大志向的人，却也是一个被宠坏的天才。”那朵掉在地上的玫瑰将引起他的多少渴望。

门采尔的很多画作都被老国家艺术画廊收藏了。

阿道夫·冯·门采尔不仅具有全面的绘画技能，在油画、版画和水彩画等画种都取得了骄人的成绩，而且其绘画题材也非常全面，上至王侯，下至百姓，都被他描绘得入木三分。他当时获得的社会评价也是最高的，在 70 岁时荣任了柏林大学名誉校长，被圣彼得堡美术学院聘为荣誉院士，被柏林和布雷斯劳授予荣誉市民称号。

门采尔个头很矮，身材清瘦，给人的第一印象在肃穆之余还有点滑稽的感觉。

1815 年，门采尔生于今天位于波兰境内的布雷斯劳。他的父亲是一位教师，后来开办了一家从事石版印刷的小工厂，门采尔从小就在厂里转悠，绘画的兴趣被触发了起来，绘画的才能也有所显现，父亲为了不辜负儿子的天赋，专门将工厂迁到了柏林，以求为门采尔提供更广阔的发展空间。

门采尔像

父亲 1832 年去世后，年方 17 岁的门采尔就担起了家中四口人的生计，不仅继续经营工厂，还接件绘制请柬、餐厅菜单等。

门采尔 18 岁时考入了柏林美术学院，不过半年后就被院长以不可造就的原因劝退。所以，门采尔在绘画事业上取得的巨大成就都是以自学成才为基础的。

因为在 30 年代成功地为歌德诗集《艺术家的生活道路》和《勃兰登堡—普鲁士历史一览》绘制了插图，门采尔开始让人刮眼相看，被吸纳为柏林青年艺术家协会会员。

1839 年，门采尔开始为弗朗茨·库格勒的《腓特烈大王传》创作木刻插图，这一画就是 10 年。为了收集资料，他查遍档案馆，从浩如烟海的历史册页里严格筛选，对绘画涉及的 18 世纪德国史料乃至衣冠服饰、兵器、遗物等进行了深入的研究。正式作画之前，他都按惯例绘制了巨量的素描稿。他最终完成的插图总量高达 600 幅，而累积的素描素材更多达不可思议的 7000 余件。天道酬勤，门采尔从此蜚声国内外。

到了 50 年代，门采尔再以腓特烈大王为主题，绘制了一组油画《腓特烈大王》，标志着门采尔在艺术创作上的成熟。

其中的《无忧宫的长笛音乐会》高 1.42 米，宽 2.05 米，画幅巨大，气氛温暖而热烈，腓特烈大王正在热情吹奏长笛，为他已经身为拜罗伊特伯爵夫人的姐姐洗尘。

到了六七十年代，门采尔又将画笔对准了当代帝王威廉一世。《威廉一世在柯尼斯堡加冕》《威廉一世出征前线》让他功成名满，被授予了各种不同的勋章和光荣称号，还具有了出席宫廷各类庆祝大典的资格，许多社会名流都以能邀请到门采尔到府上出席宴会为荣。

与此同时，市民百姓也成为门采尔绘制的另一类主角，他们及其日常生活场景纷纷涌进了门采尔的画中。

《轧钢工人》这幅名作是门采尔 1875 年绘制的，它高 1.58 米，宽 2.54 米。为了画好这幅大型油画，门采尔进行了长达 3 年的准备工作，还亲自到西里西亚工业区和柏林铸铁厂体验生活，他从早到晚地站在生产第一线，飞快地画下速写稿。“在这里，我一直处于危险当中，仿佛随时都会被轧钢的机器吞进去……这个现代技术的百科全书到处是可取的画题。”为了将工人的气质真实表达出来，他专门请来工人当模特。

由于紧跟时代步伐，以史诗般的笔触为德国的工业化进程留下了如此珍贵的油画，《轧钢工人》展出后即刻引起了社会的轰动，旋即被柏林国家绘画陈列馆入藏。

瓦斐迪南·乔治·瓦尔德米勒的画作也是老国家艺术画廊的一个收藏重点。

瓦尔德米勒1793年生于维也纳近郊。他的父亲在他13岁时去世，家庭经济状况顿时变坏，从切实的生计着想，他的母亲希望他将来成为一个神职人员。然而，瓦尔德米勒那时已经难以罢弃从事绘画艺术的强烈冲动，他于是尝试独立生活，靠为别人的版画上色来挣取生活费用。这种选择也导致了他与母亲的关系长期处于低迷状态，直到1826年才逐渐缓和，他甚至搬回家与母亲同住，还在4年后为母亲绘制了肖像，着意强调了她的坚强个性。

通观瓦尔德米勒毕生的作品，母亲形象被他大绘特绘，尽展了母亲的艰辛和慈爱与孩子们的幸福欢乐，让爱泽旁流，人心大感。这个现象也许就与发生在他身上的复杂的母子关系密切相关。

瓦尔德米勒油画反映的内容其实非常广阔，他画的花卉软玉温香，几可乱真，而在肖像画、风景画、风俗画方面也各有建树。

在人生的最后十来年，由己及人，他对弱势群体格外关注，他画中那些贫苦的妇孺形象因此被画得特别感人。

瓦尔德米勒的风景画被赞美为“风景的肖像”，他晚年在这方面的杰出主要是以维也纳森林为对象。1858年的《森林中的小孩》、1861年的《森林春晓》、1861年的《森林中的休息》、1862年的《维也纳郊外森林春晓》

瓦尔德米勒像

都表现了他挣脱名缰利锁之后的悠适之态，也同时成为维也纳人寄托自己家园情怀的一种载体。

意大利著名画家赛甘蒂尼的大幅油画《归途》也在老国家艺术画廊赫然入列。在进入二楼过道的显要处，还摆放着保罗·特罗本茨科夫为他制作的半身雕塑。

瑞士象征主义画家勃克林的许多杰作也陈列在此，包括《死岛》《与死神在一起的自画像》和《声音》。

《死岛》曾为俄罗斯作曲家拉赫马尼诺夫提供了灵感，使其谱写了同名交响诗。

《死岛》系列一共五张，是受佛罗伦萨英国人公墓的气氛影响而绘制的，他的小女儿就埋葬在那里。他从大自然中精心挑选物象加以组合，创造出奇特的氛围。死之岛峭壁林立，阴森可怖，只有一船可达，白衣的死神静立于船首，把新鬼渡往不归之地。引发观者对死亡的思考。

弗里德里希的浪漫主义画作无疑是老国家艺术画廊的重中之重。

卡斯帕·大卫·弗里德里希生于1774年9月，他的家乡在当时属于瑞典统治的波罗的海沿岸的港口城市格赖夫斯瓦尔德。信仰新教的父母一共生下10个孩子，弗里德里希排行老六。他的父亲是肥皂和蜡烛制造商。

弗里德里希从1790年开始拜师学画，老师的一位朋友、诗人和牧师克塞加尔坦具有将自然视为事实上的“基督圣经”的信仰，无疑给他很大的影响，有助于他形成自己独特不凡的风景观。

弗里德里希像

弗里德里希相信：“将你在黑暗中看到的带到日光之下，从而它就能影响到其他人，从外在进入内心。”“画家不能只画他眼前看到的东西，还要画他在内心看到的东西。但是，如果他从内心什么也看不到，那么他也不应该画他眼前看到的东西。否则，他的画将像诊所的屏风一样，后面只会藏着疾病甚至死亡。”

弗里德里希在1798年去到德累斯顿居住，因为德累斯顿有一个美术学院，每年都定期举办美术展览，更有不少美术珍品可供观摩，的确是一个画家发展事业的好地方。

当1805年度的“魏玛艺术之友”绘画竞赛举办之际，弗里德里希选送了两幅他擅长的深棕色墨水风景画参赛，结果获得了奖项。

弗里德里希后来将自己的获奖作品送给了歌德，歌德在5年后也访问了弗里德里希在德累斯顿的画室。歌德赞美弗里德里希的画是“一种罕有的完美”。

在1810年的柏林美术院展览会上，弗里德里希的幻想性风景画《橡树林中的修道院》和《海边修道士》再获成功。在15岁的皇子介绍下，普鲁士国王威廉三世购买了《海边的修教士》。弗里德里希也在同年成功地当上了柏林美术院的院士。

《海边的修道士》被放在老国家艺术画廊三楼的显要位置，馆方还专门在那个画前面设置了与观众互动的图文板。

这幅画将画面简洁地分割为天空、海洋和陆地三个部分，它们也可以象征三位一体的基督教义，一个僧侣光着头站在海边，孤独地面对黑沉沉的大海。在此画之前，还没有人采用过如此极端而绝对的构图，画里面好像有一个深渊，没有界限，没有倚靠，处于日与夜、疑惑与希望、死亡与生命之间的游离状态。

著名的德国文学家克莱斯特在1810年这样评论了《海边的修道士》：“画中的两三个对象充满神秘，整幅画面如同启示录的景象，仿佛隐藏着阴阳的概念，而且由于色彩单调、画面深远，前景中只有画框，所以感觉看这幅画时自己像是被割去了眼睑。”

弗里德里希于1818年初结婚。他娶的新娘名叫卡洛琳·波麦，是萨克森地区的人，生性快乐，还多少有些幽默感，与弗里德里希在性格上形成了互补。自那以后，人物在弗里德里希画中出现的频率也明显增强。

结婚那年的夏天，弗里德里希带着波麦前往故乡和吕根岛度蜜月。此行的一大收获就是诞生了被公认为弗里德里希非常美的作品之一的《吕根岛的白色岩石》。

从20年代起，对生命的无常感日益从弗里德里希的笔下渗透出来，其极致就是1823年和1824年创作的《海上冰山》。一艘船被破冰划毁，夹在巨大的冰块当中，四周了无人迹，气氛异常酷烈。

到了1824年，弗里德里希的精力就接近耗尽，次年就完全病倒了，基本不再接触油画，只是常以素描来抒发情感。

当他的病情在1827年略有好转，他又开始拿起油画笔，这时的主题主要是冬天的景象，而且画幅主要是直幅型的。《雪中的橡树》尤其感人至深——天蓝，云白，雪更白。橡树的叶子都掉光了，几根旁枝也坠落在地，然而，其主干还在，依然保持着一种像在瞻依廊庙的姿态。

1835年，因为重度脑溢血发作，弗里德里希随即陷入了精神错乱状态，其绘画生涯也就接近了尾声，最后死于1840年。

.56.

值得尽情领略的柏林大教堂

从西向东走过新皇宫桥，首先看到的庞大建筑就是柏林大教堂。

柏林大教堂在1894年至1905年建于德皇威廉二世治下，为意大利文艺复兴盛期的风格，由建筑师尤利乌斯·拉施多夫设计而成。它的前身是一座巴洛克式的大教堂，规模小于现在的建筑。而柏林大教堂教区的历史可追溯至1608年，柏林大教堂也在那年被赐名为“本地最高教区礼拜堂”。

20世纪初的柏林大教堂由四个部分构成；三座教堂是主教堂、洗礼及婚礼教堂、纪念教堂，还有一个霍亨索伦墓室。

1944年5月，一枚燃烧弹击中教堂拱顶，致使大教堂遭受严重破坏：拱顶烧毁了，教堂内部空间和地下墓室也被部分损坏。此后，人们对教堂受损部分只进行了临时的修整。重建工作直至1975年方才开始。纪念教堂在重建过程中被拆除了。洗礼及婚礼教堂于1980年重新对外开放。主教堂到了1993年才重新启用，全部的修缮工作晚至2002年才大功告成。

走进主教堂中央位置，抬头仰望，可见拱顶上的八幅马赛克镶嵌画精彩绝伦，它们的题材取自《圣经·山上宝训》中耶稣有关天国八福的宣道，创作者是安东·冯·维尔纳。

位于半柱体上端的横脚线上，沙岩石雕塑刻画了欧洲四大宗教改革家和四位支持宗教改革的邦君的形象，四大宗教改革家是马丁·路德、茨威利、梅兰希通和加尔文。

祭坛的长方形玻璃窗画以基督的诞生、受难和复活为题材。椭圆形玻璃窗画则刻画了手持棕榈叶、圣餐杯和胜利经幡的天使形象，设计者安东·冯·维尔纳让棕榈叶象征信仰、圣餐杯象征爱、胜利经幡象征希望。

出自奥托·莱辛之手的四幅沙岩石浅浮雕刻有圣使的故事。

威廉·绍尔作坊制作的管风琴是世界现存规模最大和最重要的德国浪漫主义末期的气功式乐器，配有 7269 枚声管、113 个音栓和 4 排手键盘，可让演奏家发挥无尽才能，奏出天籁之音。

祭坛空间放置了一张白色大理石和乳色缟玛瑙制成的祭台，为弗里德里希·奥古斯特·施帝勒所作，两枚豪华镀金铁质枝形灯架和饰有圣使徒像的镀金青铜圣坛隔墙，则出自申克尔之手。

布道坛由大教堂建筑师尤·拉施多夫的儿子奥托设计，用橡木刻制而成。

鹰式讲台为复制品，原件为镀金阅书架，由安德烈亚斯·施吕特在 1701 年设计，现在大教堂博物馆中展示。

皇室包厢曾为德国皇帝及随从专用，饰有贵重的枝形灯架和红色的天鹅绒悬挂饰件物及金线带，上方鸽子为圣灵的象征，胸墙上的纹章则彰显了当时政教联合的事实。

皇家楼厅曾是德国皇帝和皇后出入大教堂的专用通道，铺设有多种色彩艳丽的大理石，厅内饰有镀金青铜枝形灯架和吊灯，门与天窗嵌有金色玻璃，二楼 13 幅出自阿尔伯特·赫尔特之手的壁画和天顶画，则绘有耶稣基督的事迹及其寓言宝训。

洗礼及婚礼教堂如今是进行洗礼、举行婚礼和举办小型活动的场所。祭坛画《圣灵之显露》出自老卡尔·贝加斯之手，油画《基督受洗》和《迦拿的婚礼》则由阿尔伯特·赫尔特创作。

霍亨索伦墓室停放有 94 座从 16 世纪末至 20 世纪初的灵柩，是欧洲最重要的显贵墓地之一，它同摆放在主教堂的豪华石棺和墓碑一起，表明了勃兰登堡—普鲁士 500 年之久的墓葬史。在此间出现的雕塑作品《信仰、爱、希望》极富表现力，出自奥古斯特·基斯之手。

在主教堂地面层安放了 6 座豪华石棺。位于管风琴廊台下方的 4 座：

巴洛克风格的豪华石棺归选帝侯弗里德里希·威廉及其第二任妻子多罗特娅所有；中世纪风格的台式青铜棺材属选帝侯约翰·西塞罗；有着大理石墓碑的则是德皇弗里德里希三世。位于南面廊台下方有 2 座：豪华镀金棺材归国王腓特烈一世和索菲·夏洛特王后所有，设计者是安德烈亚斯·施吕特。

索菲·夏洛特王后来自汉诺威，在 1684 年嫁给腓特烈，但长期逗留汉诺威宫廷。当她 1705 年 2 月死于汉诺威之后，国王派出两队士兵前往迎接遗体。而后安置在床上，供人吊唁了 6 个月。国王还要求辖区范围内的人们极尽悲伤地缅怀她，所有进入宫廷的人都要穿着黑衣遮盖。

柏林大教堂的门票是 10 欧元，参观路线最后还通过 270 级台阶引向主教堂的拱顶回廊，在那里可以慢慢走动一圈又一圈，将柏林市中心饱览一番又一番。

.57.

俄罗斯沙皇的日耳曼血统

从柏林大教堂和博物馆所在的地方向东，几分钟就走到了亚历山大广场。

亚历山大广场之得名与沙皇亚历山大一世有关。

作为俄罗斯历史上一位非常有作为的君王，亚历山大一世最重要的成就就是在欧洲被拿破仑肆虐的时候成功地阻击了拿破仑，拯救了整个欧洲，他因此被欧洲各国称为“欧洲的救世主”。在拿破仑被击败之后，他成了欧洲神圣同盟国的领袖，所以他也被称为“神圣王”。

其实，亚历山大一世的血脉中流着德国人的血。因为从其祖父彼得三世开始，普鲁士势力在俄罗斯宫廷的影响达到顶峰，在彼得三世之后的俄罗斯君主均为日耳曼血统。

彼得三世是彼得一世长女安娜·彼得罗芙娜公主和瑞典荷尔施泰因—戈托普公爵卡尔·腓特烈所生。本来他是作为瑞典国王备选的，不料被他的姨妈即俄罗斯女皇叶丽萨维塔选中，成为俄罗斯皇位继承人。这位荷尔施泰因王子顿时身价倍增，很多德意志公国的适龄公主都梦想嫁给他，最后是索菲娅·奥古斯特捷足先登。索菲娅与未来俄罗斯皇位继承人的联姻方案，竟然得到了普鲁士国王腓特烈大王的支持。

索菲娅就是后来闻名于世的女沙皇叶卡捷琳娜二世，她出生于普鲁士斯德丁的一个没落贵族家庭，父亲是普鲁士军队中的一位将军，后被封为公爵，封地是安哈尔特—采尔勃斯特公国，是当时德国的一个不起眼的小公国。

彼得三世在1762年初登基，但很快就在半年后被索菲娅发动政变赶下了台，并被宣布因为消化不良而死亡。其中一个重要原因是夫妻间已经失和到了不是你废我就是我废你的程度。

叶卡捷琳娜三世和彼得三世

叶卡捷琳娜拥有20多个情人，并与其中一些情人生儿育女，但据官方的记载，保罗是她与彼得三世生育的唯一儿子。不过，由于保罗在言行举止上都太像彼得三世，叶卡捷琳娜很不喜欢他，甚至有过跳过这个儿子将皇位直接传给孙子的意图。

保罗有过两次婚姻，对象都是德国人。他的首任妻子来自黑森—达姆施塔特，因为难产去世，男婴也胎死腹中。

保罗后来与来自符腾堡的索菲·多萝西娅女公爵结婚，育有10名子女，其中有9名子女活至成年。

保罗和索菲·多萝西娅在1781年至1782年期间出游欧洲列国，他的很多想法都被彻底改变了。在普鲁士，保罗被纪律严明、俭朴高效的普鲁士军队所折服。和他父亲彼得三世一样，保罗成为普鲁士国王的忠实崇拜者。

亚历山大是保罗的长子，他的降生令祖母叶卡捷琳娜二世欣喜万分，马上就被叶卡捷琳娜抱去自己抚养。

亚历山大出生后一年半，他的弟弟康斯坦丁降生，于是俩兄弟均在祖母的呵护下成长。

叶卡捷琳娜为兄弟俩请来了当时最好的学者，负责两位皇孙的教育。叶卡捷林娜二世很疼爱亚历山大，但对他的要求也很严格。每天早晨，祖母都要求亚历山大在低于15摄氏度的房间里开着窗户洗冷水澡，以磨炼他的意志。在他6岁时，祖母将家里的女保姆赶走，找了12名家庭男教师教育他，以造就他威猛、坚定的性格。

亚历山大年仅13岁时，祖母就为他找好了未来的妻子。叶卡捷琳娜二世看上了德国巴登公国的公主路易莎·玛丽亚·奥古斯特，后来接受东正教洗礼，改名为伊丽莎白·阿列克谢耶夫娜。1793年，当亚历山大16岁的时候，二人成婚。

1796年11月17日，叶卡捷琳娜患上了中风，在还未恢复知觉的情况下便去世了。保罗才有机会上台当了5年的沙皇。

保罗成为皇帝后的第一件事就是询问叶卡捷琳娜二世是否留下了遗嘱，如果有的话，能否销毁它，因为他十分担心他会被排除在继承权之外并且将王位让予亚历山大。保罗进而颁布了法律，规定了罗曼诺夫王朝严格的长子继承制。

保罗任上的大部分政策极大地损害了贵族阶级的利益，他最后死于政敌们发动的政变。他们把保罗拉出来，逼到桌子旁并且试图逼迫他签署退位声明。保罗开始反抗，结果他被刺了一刀，再被又掐又踩，死得非常悲惨。

按照目前通行的观点，亚历山大当时迫于压力，同意发动政变，推翻父皇，但他可能没有准备置保罗一世于死地。所以，当他得知保罗一世的死讯后，大为震惊，躲在自己的行宫号啕大哭，不肯出来面见众人。

亚历山大一世是在1825年11月17日病逝的，由于没有子嗣，皇位本来应该由康斯坦丁继承。但是康斯坦丁娶了波兰的一位女公爵为妻，门第不当，不被法律承认，康斯坦丁的皇位继承权也只好被他放弃了。皇位最后由亚历山大和康斯坦丁的弟弟尼古拉来继承。

作为俄罗斯帝国的第11位皇帝，尼古拉一世当了30年的沙皇。

尼古拉一世也是普鲁士国王威廉三世的女婿。1815年11月4日在柏林举行的一次国宴上，俄皇亚历山大一世和普鲁士国王腓特烈·威廉三世亲自宣布尼古拉与普鲁士公主夏洛蒂的婚约。

.58.

柏林最高构筑物所在的亚历山大广场

亚历山大广场在 17 世纪时还是一片水田，后来发展为重要的牲畜和棉麻市场。在沙皇亚历山大一世 1805 年访问柏林之后，这一区域就被称为亚历山大广场。

从 1882 年起，随着城市电车的修建和发展，此处成为柏林东城的交通枢纽，到 20 世纪初，又成为柏林最有活力的区域。

亚历山大广场也总是成为表达民意的一个极佳场地。1848 年革命时，这里成为街巷战斗的中心。1918 年，这里又是工人和警察冲突的重点地区。到了 1989 年 11 月 4 日，50 万东德市民要聚集起来提出民主改革的要求，还是将聚集地选在了亚历山大广场。

位于广场上的柏林电视塔高 368 米，是柏林最高的建筑，在欧洲位列第二，它在 1965 年动工，3 年后建成。在瑞典专家的帮助下，由德国建筑师迪特尔、弗兰克组成的一个创作小组集体设计。

塔上圆球形结构直径 32 米，重达 4800 顿，每 59 分钟自转一周，可望 40 公里开外。圆球形结构受到阳光照耀时，反射出的光芒形成一个巨大的十字，被西柏林人称为“教皇的复仇”，在东德领导人中造成了巨大的恐慌。

广场上的海神喷泉建于 1891 年，围绕着海神的 4 个妇女雕像象征着德国境内的四条河流：莱茵河、奥德尔河、威悉河、易北河。

位于广场北部的圣玛利亚教堂建于 1270 年，14 世纪才全部完工。由于经历了战火，在1380年就不得不重建，并对原有状态进行了略微的改动。在15世纪又加入了一个前塔。

著名设计师朗汉斯在1790年又在塔上加了一个具有巴洛克式和新哥特式双重风格的圆塔顶，让教堂的高度达到了90米。

教堂内的哥特式洗礼盆在1437年完成，它由3条黑龙支撑，上有耶稣、圣母、耶稣门徒的图像作为装饰。

雪花石膏布道坛则是施吕特尔在1703年完成的，他用浅浮雕装饰反映了圣约翰施洗和第七级天使的化身。

教堂的管风琴也很有故事，巴赫曾于1747年用它为腓特烈大王演奏了曲目《赎罪十字架》。

圣玛利亚教堂中的惊世之作是壁画《死亡之舞》，它绘制于1469年。作为阿尔卑斯山以北仅存的中世纪有关死亡舞蹈的图像之一，如今它已经被封闭起来进行艰难的修复工作。

《死亡之舞》长22米，高2米，以28幅画面纪念了1484年流行的瘟疫，尼采从这幅画上感到了柏林“对于死亡的隐形诉求”。歌德、伏尔泰、格林兄弟、契科夫、卡夫卡、德布林、君特·格拉斯等都来到圣玛利亚教堂仔细观赏过《死亡之舞》。

《死亡之舞》（局部）

而在亚历山大广场西南方向200多米外，尼古拉教堂是柏林最古老的教堂，它建于1230年，纺锤状的双子尖塔成为它特别容易识别的形象。

亚历山大广场还跃入了德布林的佳作《柏林亚历山大广场》，这部长篇小说已经成为德国文学史上最重要的一部描写大都市的小说。

亚历山大广场被德布林形容为“一座大都市震颤的心脏”。

德布林在1878年出生于波美拉尼亚的施特廷，该地现在位于波兰境内。他的父母均是犹太人，10岁那年，开裁缝店的父亲抛弃家庭，和店里一名年轻的女工一起私奔去了美国。母亲只好拖着一身的债务和一群孩子离开家乡去到柏林，靠做苦工和亲戚的接济勉强维持生活。

在舅舅和大哥的帮助下，德布林中学毕业后考入大学学习，先后在柏林大学和弗莱堡大学攻读神经病学和精神病学。获得医学博士学位后，德布林成了一名精神病医师，又先后在雷格斯堡和柏林东部的工人区开设自己的诊所。

德布林在1912年结识了瓦尔登，由此进入了柏林的文艺圈。他与瓦尔登合办《风暴》。

长篇小说是德布林的专长，他面世的第一部作品就是长篇小说《骏马飞腾》，在荷尔德林和克莱斯特的影响下，他以第一人称叙述的方式，表现了渴望人与自然融合的主题。《黑窗帘》首先发表在《风暴》上，小说在弗洛伊德精神分析理论的引导下，讲述了一个青年性虐待狂最后杀死自己的情人的故事。德布林的中短篇小说集《谋杀蒲公英》在1913年出版，内容主要展示的也是人的精神病态和倒错现象。

德布林的长篇小说《王伦三跳》是他在文学史获得的第一次巨大成功，他因之拿到了克莱斯特奖和冯塔纳奖。德布林这样谈到过这部小说的成因：“我看到，这个世界就像从人们身上碾过的沉重的坦克，我的第一部大部头小说的主人公王伦所经历的正是这些。”

《王伦三跳》有一个副标题是“中国小说”，它以中国乾隆年间为历史背景，展现了中国各社会阶层的生活，尤其是介绍了道教思想及其消极处世的主张，讨论了无为而生的种种可行性。

为了写作《王伦三跳》，德布林阅读了很多德国作家写作的中国历史和中国文学书籍，还钻研了《老子》《庄子》《列子》等中国经典思想古籍。

《柏林亚历山大广场》在1920年出版，小说以“弗兰茨·比伯科尔的故事”为副标题。

弗兰茨是一个弱小人物，一直被周围的罪恶力量所控制，直到生命快要结束的时候，他才意识到应该抛弃旧我，充分运用自己的理智。德布林立足于表现主义的基本立场，将长篇的内心独白、蒙太奇、意识流等文学方法运用自如，从社会底层的角度将柏林20世纪20年代的复杂生活给予了充分的披露、剖析和批判。

纳粹上台执政后，身为犹太人的德布林起初避难瑞士，而后流亡法国，在法国也沦陷之后，再逃往美国，在好莱坞做过一段时间的编剧。在美国的最后几年里，他的物质生活几乎濒临赤贫的边缘，他的次子沃尔夫冈作为法国军队的一员也在反抗德军的战斗中牺牲。但他并未失去对未来的信心，当纳粹德国战败投降的消息传来之后，他旋即返回德国参加重建工作，为法国军事政府部门工作，还参与创办了美因茨大学和美因茨科学与文学研究院，并出任了美因茨科学与文学研究院副院长。

德布林被德国作家、诺贝尔文学奖获得者君特·格拉斯奉为恩师。为了彰显德布林的价值，格拉斯在1978年5月拿出了他的《比目鱼》的部分稿酬，在柏林艺术科学院设立了“德布林奖”，以奖掖在文学上做出成就的青年作家。这个奖项也是联邦德国作家设立的第一个文学奖。

.59.

印证分裂与统一的红色市政厅

在亚历山大广场南边，仅仅隔着一条几米宽的道路，坐落着外形十分惹眼的红色市政厅，其“红色”是它的红砂石外墙给人造成的视觉感受。

红色市政厅建于 1861 年，设计灵感来自意大利文艺复兴时期的市政厅风格，塔楼高 74 米，却模仿了法国的拉昂大教堂。中楣是 1879 年加上去的，上面贴有 36 块赤色陶瓷浮雕，描述了柏林从古至 1871 年成为帝国首都的历史，所以也被称为“石头编年史”。二战后，用了 10 年时间才将这座建筑修复完毕，1958 年重新启用时，用了两尊塑像来纪念这一过程，一座塑像表现了废墟中的妇女，一座塑像表现了建设场景。

德国统一之后，红色市政厅成为柏林市政府的办公地点。统一之前，红色市政厅是东柏林政府的办公地点，当时的西柏林政府要员在辛格格市政厅办公。

冷战期间，赫鲁晓夫曾将柏林称为“西方的睾丸”，“每次我想让西德尖叫，我只要挤压一下柏林就行了。”

当时的柏林被柏林墙分割为东、西两个部分，25 万苏军包围着西柏林，而在西柏林只有 12500 名西方盟军。

肯尼迪在 1963 年辛格格市政厅发表了著名的演讲：“通往自由的道路充满艰难险阻，而民主也并非十全十美，但是，我们绝无必要筑起一堵墙来禁锢我们的人民。”

柏林墙不得不修。西方对西德大举援助，尤其是马歇尔计划成功实施，再加上东德自身在经济政策上的失误，使得东西德之间在国民收入上火速拉开了距离。人往高处走，大量东德人尤其是熟练工人源源不绝地逃往西德，在东德建立之后的12年间，就有近1/6的东德人逃亡到了西德。

柏林墙的修建开始于1963年8月12日至13日的夜间。刚开始的时候，只能最快速地用带刺铁丝网起到阻碍的作用，而后才不断加固为高3米的混泥土墙，随之也有了障碍墙、路障、巡视区、瞭望区、警报系统等配套设施。经过几轮修葺和加固，最后在1975年蔚为大观。

柏林墙全长155公里，不仅仅横亘在东西柏林之间，甚而延伸到了东西德之间的边界。

沿墙修建了253个瞭望台、136个碉堡、270个警犬桩、108公里长的反汽车和坦克冲击障碍，还有一接触就会报警的铁栅栏和巡逻道。墙下靠近东德一侧，还埋设了大量地雷，配置了许多自动射击武器。

尽管如此，还是有很多东德人铤而走险，他们花样百出，有人挖地道，有人游泳，有人自制潜艇，有人自制热气球，在柏林墙存在期间，一共有上百人没能成功逃亡，并搭上了自己的性命。

直到1989年11月9日，柏林墙才轰然倒塌。

远眺红色市政厅（左）和尼古拉教堂（右）

.60.

焕发勃勃生机的波茨坦广场

柏林墙就曾横亘在波茨坦广场中央，所以，波茨坦广场一带在很长时间内都是军事禁区，根本谈不上和平发展。

当德国统一之后，位于柏林市中心的这块区域的黄金价值重新显现了出来。不过，有些人认为在东柏林已经有了亚历山大广场，西柏林已经有了选帝侯大街之后，没必要再增建类似的繁华区域。

最后的结果还是准备在广场一带修建新的建筑群，让波茨坦广场重现昔日的辉煌。1998 年 10 月 2 日，多达 50 万人涌到了波茨坦广场。头天就在波茨坦大街上举办了庆祝活动，总统赫尔佐克特地前来为活动剪彩。

当申克尔将煤气灯和路标引入柏林的时候，就设计了波茨坦广场的整体框架。在 20 世纪初，波茨坦广场就已经是灯红酒绿之处，有 5 条道路汇集在此，40 多条公交线路从此经过。在 20 世纪 20 年代，柏林人口多达 400 万，波茨坦广场成为欧洲交通最繁忙的地段。1924 年，就在这个地方安装了德国及欧洲的首座交通灯，现在还可在当年的位置看见那座交通灯的复制品。

欧洲第一座交通灯的复制品

德国表现主义的领袖人物之一基希纳 1914 年就画过一幅高 2 米、宽 1.5 米的布面油画《波茨坦广场》，现藏于新国家艺术画廊。

在画上，波茨坦火车站位于背景中央，其上的钟指着午夜时刻，右边是矮了好几层的普溯尔大楼，右边是凯宾斯基酒店在1913年开始对外营业的皮卡迪利咖啡馆，一战开始不久就改名为“祖国之屋”。两个真人大小的轻佻女子在前景中，被放置在一个类似椭圆形安全岛做出的舞台上，一个脸色青绿，头发火红，戴着寡妇面纱，穿着黑色丧服，一个穿普鲁士蓝色的时髦外套，各自孤独，分别代表了衰老与年轻、避世与自强，后面有几个穿黑衣的嫖客正凑近上来。

经过20年的建设，今日的波茨坦广场美轮美奂，每天的流动人口上百万。

广场及街道被区议会要求采用女性名字命名，直到首都市中心的地名达到男女均衡为止。从这个细节可以感知德国人对女性尊重的程度。他们在20世纪90年代发行新一套德国马克纸币的时候，就做到了“男女平等”。在8张不同币值的纸币上，有4张选用了4位杰出的德国女性头像。其中有钢琴家、作曲家克拉拉·舒曼，她是伟大的音乐家舒曼的爱妻，有作家和社会活动家贝蒂娜，她也被推测是贝多芬“不朽的情人”。

波茨坦广场的其中一个小广场就命名为“英格—拜斯海姆广场”，这个女人是麦德龙贸易集团创始人以及这片地产的所有人奥托·拜斯海姆的亡妻，奥托曾是党卫军的一员。这一片地产也曾属于犹太人威尔特海姆家族，后来被纳粹没收。有关其产权，曾引起很多的纠纷。

波茨坦广场主要分为北部的索尼中心和南部的戴姆勒城。戴姆勒城在1998年建成，索尼中心在2000年揭幕。

DB总部大厦就坐落在索尼中心。在索尼中心的中央广场有梦幻般的帐篷式玻璃屋顶。索尼塔一侧是平面，一侧是圆弧形，是波茨坦广场一带的最高建筑，由著名的建筑师赫尔穆特·雅恩设计。世界影迷们为之心醉的电影博物馆也位于索尼中心。

在戴姆勒城，奔驰展示厅会夺走车迷们的眼球。德比斯总部大厦由意大利著名建筑师皮阿诺设计。波茨坦广场剧院则专门演出音乐剧，到了每年的 2 月份，它成为柏林电影节的主会场之一。

波茨坦广场剧院有两个邻居，北邻居是一个赌场，西邻居是国家图书馆。还真让人为之感到疑惑：不知道究竟是知识改变命运还是赌博改变命运。

由于历史和体制的原因，在德国从来没有存在过真正意义上的独立的国家图书馆。两德在统一前和统一后，国家图书馆的职能都分别由几个图书馆共同承担。统一前，东德有两个国家图书馆，它们是：设在莱比锡的德意志图书馆和设在东柏林的德国国家图书馆。在西德有 3 个国家图书馆，它们是：设在法兰克福的德意志图书馆，设在西柏林的国立普鲁士文化遗产图书馆和设在慕尼黑的巴伐利亚州图书馆。

在统一前 5 个月，成立了由两德政治家和图书馆专家组成的图书馆工作组，商讨有关统一后的图书馆事务。它作为立法咨询机构，为《联邦统一法令》中有关图书馆业的条款提出建议，做出了统一后德国图书馆联合计划。

根据协议，统一后的德意志图书馆由以下三部分组成：莱比锡的德意志图书馆、法兰克福的德意志图书馆以及柏林德国音乐档案馆。其性质为非借阅图书馆，承担从 1913 年以来所有德语出版书籍的保藏工作，还负责制定德国国家书目。

德国国家图书馆

.61.

应接不暇的文化中心

蒂尔加腾区是德国政治中心所在的区域，也是德国和柏林的文化中心区域之一。1957 年和 1958 年间，举办了一个名为“首都柏林”的设计竞赛，汉斯·沙龙做了一个方案，计划在蒂尔加藤区南部修建一个文化中心，由此拉开了文化中心建设的序幕。普鲁士文化遗产基金会在 1962 年又跟进决定：在此创立一个欧洲艺术博物馆园区。

首先是柏林爱乐音乐厅在 1963 年建成。它颠覆了之前鞋盒式才是最佳的音乐厅设计的理念，成功开创了“山地葡萄园”式设计。而夏龙设计的金色顶部外形被称为“天空帐篷”。

柏林爱乐音乐厅呈中心对称的八角形布局，舞台设计在大厅的中心，四周是自由伸展的不对称观众席，再加上许多柱子、阶梯和进出通道，使得这座音乐厅的前厅空间形状极其复杂，路线非常曲折。

大厅共有 2215 个座位，其中有 250 个坐在乐队后面，坐在两侧者则各约 300 人，所有的听众距离舞台的距离均在 30 米以内。

邻近的室内音乐厅可以容纳 1100 名听众。

在爱乐音乐厅东北侧，夏劳恩设计的乐器博物馆 1984 年落成。它收藏了 2500 种乐器，极为生动地展现了从 16 世纪开始的每一种乐器的发展历程，藏品中不乏文艺复兴时期和巴洛克时期的珍品。乐器博物馆还内含藏有 4 万册图书的专业图书馆，附属有爵士音乐室、乐器修复车间。

新国家艺术画廊在 1968 年落成，由包豪斯学院最后一任院长范德罗操刀设计的这座建筑被誉为“明亮的玻璃圣殿”。

新国家艺术画廊的名字显然是为了和位于博物馆岛的老国家艺术画廊形成区别，它被用来展出逃脱了纳粹“堕落艺术”的洗劫而后又幸存在西柏林的作品。统一后，就如何整合分散在东西柏林的艺术品进行了充分的讨论，于是，位于东柏林的馆以本土艺术为主，而位于西柏林的馆则以当代国际艺术为主。

新国家艺术画廊的作品延续了老国家艺术画廊的流绪，涵盖表现主义、立体主义、批判现实主义、抽象派、达达派，更新的1970年后的现代艺术，则交付给汉堡火车站现代美术馆负责。

馆内收藏了诺尔德的名作《圣灵降临节》。诺尔德这样解释他的创作意图：“在对圣灵欣喜若狂、超灵的感受中画成。紫红色的火焰在使徒们头上燃烧，在这个神圣的、福运就要到来而他们就要成为门徒的时刻，从外部视觉刺激到内心感受世界的转机，在《晚餐》《圣灵降临节》中得以实现。”

这幅画是1909年创作的。诺尔德曾想在次年的柏林分离派画展上展出，结果被评委会拒绝，于是，他愤而与其他年轻的表现主义者成立了“新分离派”。

诺尔德性格孤僻，不喜合群。出生于石勒苏盖格的诺尔德，原名埃米尔·汉森。1904年起，他改用故乡的名字，并以此在画上签名。

诺尔德出生在一个农民家庭，他家祖孙九代都生息在诺尔德的农场里。当地的原野广袤而荒寂，大海又常常展现出它那破坏性的一面，诺尔德从小感受到的大自然就以粗野狂虐为其风格。

在一次阿尔卑斯山漫游之后，诺尔德创作了两幅以山为描绘对象的画作。大山被表现为石化了的头颅一样，它们被印成10万张明信片，10天内就被抢购一空。诺尔德因之信心大涨，在31岁时开始了“自由职业画家”的生涯。

1913年底，已经成名的诺尔德与妻子一道，通过帝国殖民局介绍，参加了为期一年的民族学考察旅行，在俄国、中国、朝鲜、日本、新几内亚等地游历。有半年的时间，他停留在南洋的一个海岛上，在那里画了很多的素描、水彩和 19 幅油画。中国的劳工、帆船等人与景物也进入了他的画中。这些异国情趣的添加，更进一步强化了他在绘画中对原始性和真实性的追求。

诺尔德在 1937 年被归入了颓废者之流，他的千余件作品遭到查封，更在 1941 年被明令禁止作画，其位于柏林的画室也在 1943 年被毁。为了防止油画相对浓烈的气味飘散而暴露自己的创作行为，他改画水彩画，并称之为“未画之画”。战后有几年，他将其中一部分改画成上百幅尺寸较大的油画。

爱妻的去世对诺尔德打击甚大，他因而在 81 岁时又娶了一位年轻女性为妻。在 1956 年去世之前，他终于获得了很多的褒奖。

1969 年，一个内含名画陈列馆、工艺美术博物馆、版画收藏馆、艺术图书馆的建筑群开始招标，罗尔夫·古特布罗德成了中选者。他以中央广场为中心，一个入口大厅可以连接各个建筑。

因为经济原因搁置了不少时间，工艺美术馆直到 1978 年才动工，在 1985 年开放。在 1987 年完工的是艺术图书馆和版画收藏馆，入口大厅在 1992 年建成，全部使用日光照明的名画陈列馆则在 1998 年对外开放。

名画陈列馆最初出现在博物馆岛上的老博物馆里，博德通过直接收购和启发富裕市民设立基金会来捐赠的方式，将名画陈列馆扩建成了一个能够完整呈现全欧洲绘画历史的美术馆。二战期间，该馆有 400 多件大型艺术作品被毁。经过重整，它已经成为在世界上有相当地位的美术博物馆，拥有许多从 13 世纪到 18 世纪欧洲名家的大作，如伦勃朗、弗美尔、鲁本斯、小汉斯·荷尔拜因、杨·凡克。

拉斐尔在 1508 年创作的《科隆纳圣母》就位于馆内，它和拉斐尔之前画的那些圣母画有明显的区别：色调非常明快，头发也从暗色转为了金黄色，明暗对比因而被削弱，造型更为纤柔，动作更为轻缓，地平线降得更低，树木更加旺盛，风景整体显得清澈。

卡拉瓦乔的《丘比特的胜利》创作于 1601 年。画中的乐器、规尺、桂冠、盔甲分别象征了艺术、科学、名誉和权力，都纷纷倒伏在丘比特脚下。丘比特的微笑有着模棱两可的味道，左腿搭在蒙着布的床框之上。他的“小雀雀”暴露在画面的中央部位，又为作品蒙上了一层情爱的薄纱。

版画收藏馆的藏品最早可追溯到 1652 年，勃兰登堡选帝侯在那时购下了 2500 多幅素描和水彩画。在威廉·洪堡的力推下，版画收藏馆在 1831 年正式成立。洪堡还为收购内含丢勒、格吕内瓦尔德巨作的内格勒收藏费了不少心力。该馆的收藏重点后来放在尼德兰和意大利作品上面，而今成为世界上四大版画收藏馆之一，版画藏品多达 54 万件，还有 11 万件素描、水彩作品和油画速写，另有众多的插图手稿、珍本书籍和印版，足以代表欧洲上千年来的艺术、文化和媒体发展历史。

申克尔为莫扎特歌剧《魔笛》所做的舞美设计草图也成为版画收藏馆的珍品。

1815 年到 1830 年间，申克尔为大约 40 家剧院和歌剧院创作了上百个舞台设计。1816 年 1 月 18 日，普鲁士皇家歌剧院上演《魔笛》，他画了 12 张草图，现有 10 张收藏在版画收藏馆，还有两张不知去向。

在《夜之女王》设计草图上，群星三列为一组，从一个位于顶部中心的圆环散落下来，构成了一个既可以从里面也可以从外面去看的巨大穹隆，在下方中央，夜之女王身披星袍，在洒满银色月光的云朵烘托下冉冉下降，降临人间。

艺术图书馆创立于 1867 年，最初隶属柏林工艺美术博物馆，在 1924 年成为国立博物馆的一个独立机构，位于柏林动物园附近的摄影博物馆也是艺术图书馆的分支机构。

艺术图书馆藏有约 10 万份海报。其中 18 张佳作出自劳特累克，他一生创作了 30 张海报，为蒙马特的娱乐场所所用。

图卢兹·劳特累克出生于法国阿尔比的一个世袭贵族家庭。1901 年 9 月 9 日逝于马尔罗美城堡，年仅 37 岁。

劳特累克童年时摔断两条腿，愈后成为畸形。这个已经在身体上与众不同的人，自然要求去寻找同样与众不同的艺术世界。作为艺术的革新者，他以描绘那些抓住并准确表现巴黎蒙巴特尔地区豪放不羁的艺术家们的生活和表演艺人著称。

德国的首家工艺美术博物馆早在 1867 年就得以成立，展示了在金银制品、玻璃、地毯、珐琅、陶瓷器、家具、服装等产品的发展历史，1885 年加盟普鲁士皇家博物馆。现在它的藏品极为丰富，从中世纪的手工宗教工艺作品到当代工艺设计，应有尽有。

原柏林王宫骑士厅中的银餐具是工艺美术博物馆的精美藏品之一。

1698 年，施吕特负责柏林王宫的改扩建工程，以便迎接勃兰登堡选帝侯加冕普鲁士国王这一盛举。

这套餐具当时被摆放在骑士厅东端窄墙的两个壁柱之间，那里的空间高达 6 米，施吕特以巴洛克餐具为原型，9 个带托盘的浇汁盅以金字塔式摆设，镀金木雕框固定它们在镜壁上，其他大件餐具则摆放在天青色的石桌上。作为御用雕刻家，这套餐具很可能也出自他的手中，餐具上面的印章都是选帝侯式的，上方多为立体的选帝侯帽，下面刻有国会和带着箴言的盾牌。

二战结束后，这套餐具曾被苏联作为战利品运回苏联，1958 年才退还给原东柏林工艺美术博物馆。

.62.

被移动的胜利纪念柱

柏林电视塔虽然是柏林市最高的观景点，但它位于柏林东区，从那里看到的景色并不是柏林的全部。而 67 米高的胜利纪念柱则位于柏林西区，登高时视野更为辽阔，能看到更多的柏林区域。

胜利纪念柱的门票是 2.2 欧元，因为没有安装电梯，登高者要爬 285 级台阶才能去到眺望台。在胜利纪念柱的底层，有一个可以免费参观的有关纪念柱历史的小型展室，里面有一个宫殿的模型，以及一些原来宫殿群和改建前后的比较照片，揭示了胜利纪念柱及周边地区的变迁历史。

胜利纪念柱最初的建造意图是用来纪念德国在对丹麦战争所取得的胜利，但在修建过程中，普奥战争和普法战争又相继发生，而且又还是普鲁士和德国成了胜利者，纪念柱的纪念意义因此被叠加，最后在顶部增加了胜利女神的青铜雕塑。

胜利女神雕塑高 8.3 米，重 35 吨。头戴装饰有老鹰羽毛的头盔，身披迎风飘扬的斗篷，右手高举桂冠，左手握有一面战旗，战旗顶上有一枚铁十字勋章。

法国在二战结束后参与了对柏林的占领，将纪念柱基座上的青铜浮雕运回了巴黎，直到 1986 年德国庆祝柏林建城 750 周年时才将它归还德国。

有人认为胜利女神一部分是天使，一部分是普鲁士的化身，还有一部分是堕落的化身。柏林人也爱将它称为“金埃尔希”。

有人说，胜利女神的模特是这座雕塑的创作者弗里德里克的女儿玛格丽特。弗里德里克没有给予任何回应。

埃尔希·赫希是一个交际花，她的父母为一位遗孀打工，受到那位富有的妇人的厚待，当他们结婚时，甚至从她那里受赠了一栋小房子。房子的地理位置很好，一方面紧邻遗孀的庄园，一方面地处交叉路口。埃尔希的父母就将小房子改为了小酒馆，那种打情骂俏、插科打诨的酒馆气氛让她从小便接受了很多负面的影响。

埃尔希的父亲后来染上了赌瘾，致使家境很快沦落到赤贫状态。16岁的埃尔希于是告别故乡，到了柏林。

弗里德里克在巴黎广场的艺术学院发现了埃尔希，她当时正在观看申克尔的一幅画。弗里德里克后来就邀请埃尔希做自己的模特。有一次用了一个小时，只是画她的脚后跟和脚趾头。而且一心画画，从无邪心思。

弗里德里克那时是6个孩子的父亲，第一任妻子已经去世，再娶来的妻子是一个女伯爵。弗里德里克的作品在伦敦世博会和巴黎世博会展出过。他还为柏林建筑学院的大门前雕刻了一尊申克尔的青铜塑像。

今天，胜利纪念柱已经成为柏林男同性恋社群的象征，柏林最著名的同性恋杂志就以它为名。

胜利纪念柱原先也没有坐落在如今的位置，而是坐落在更重要的位置之上，那就是当时的德意志帝国议会大厦对面的国王广场。德意志帝国议会大厦如今称德国国会大厦，国王广场则改名为共和广场。

1938年到1939年，由于第三帝国要实施其“日耳曼尼亚”首都规划，需要拓宽夏洛滕堡路即今天的六月十七大街，胜利纪念柱被移至今天的位置，并在柱下加建底座，使它增高了7.5米。

在新的柏林，一条宽122米、长4.8公里的林荫大道横贯市中心，在北端连接凯旋拱门，另一端连着高耸的半球形大会堂。

拱门设计宽度为170米，高度达122米，大大超过了巴黎凯旋门的49米，在那些花岗石上将刻下在第一次世界大战中阵亡的180万德国军人的姓名。

大会堂则可以容纳下好几个罗马的圣彼得大教堂。用于映衬大会堂的倒影池长 1200 米，宽 400 米，比美国首都华盛顿的林肯纪念堂倒影池大 15 倍。

.63.

沧桑之光聚焦在勃兰登堡门

勃兰登堡门位于柏林市中心，东侧是巴黎广场和菩提树下大街的西端，西侧是三月十八日广场和六月十七日大街的起点。

巴黎广场所在地最早是一个练兵场，威廉一世建造了这个广场。1814年3月，普鲁士和盟国的军队在击败拿破仑后占领巴黎，为庆祝这一胜利，将这座广场命名为巴黎广场。

第二次世界大战时期，由于空袭和炮击，巴黎广场及周围建筑遭到严重破坏。战后，由于柏林墙的修建，巴黎广场完全荒废，成为分割城市的死亡地带的一部分。柏林墙倒塌后，按其历史原貌进行了修复。美国大使馆、法国大使馆、阿德隆大酒店等也都回到了广场周边。阿德隆饭店是柏林最豪华的酒店之一，很多领导人来访都住在这里。

三月十八日广场之得名，是为了纪念在1848年3月18日的德国革命和1990年3月18日民主德国人民议会的首次自由选举。

六月十七日大街之得名，是为了纪念在1953年6月17日达到高潮的东柏林人的游行示威。东柏林人在那时涌上街头，要求反对外国占领，要求民族自决，要求改善工作和生活条件，要求德国统一，结果被苏联出动一个装甲师予以弹压，有21个群众死亡，并有500多人被当作所谓间谍逮捕。

1753年，普鲁士国王弗里德利希·威廉一世定都柏林，他下令修筑共有14座城门的柏林城。因此门坐西朝东，弗里德利希·威廉一世便以国王家族的发祥地勃兰登堡命名之。

最早的勃兰登堡门只是一座用两根巨大石柱支撑起来的简陋石门，设计者是菲利普·格拉赫。

为了纪念普鲁士在“七年战争”取得的胜利，腓特烈大王于1788年至1791年间重新建造勃兰登堡门，要充分显示柏林作为不可一世的普鲁士王国国都的威严。

建筑师朗汉斯以雅典卫城的城门作为蓝本，用12根各15米高、底部直径1.75米的多立克柱式立柱支撑平顶，将门楼分隔成5个大门。正中间的通道略宽，是为王室成员通行设计的，直至威廉二世1918年退位前，只有王室成员和国王邀请的客人才被允许从勃兰登堡门正中间的通道出入。

门内各通道之间用巨大的砂岩条石隔开，条石的两端各饰6根高达14米、底部直径为1.70米的多立克式立柱。在各通道内侧的石壁上镶嵌着沙多创作的浮雕，刻画了罗马神话中最伟大的英雄海格力斯、战神玛尔斯以及智慧女神、艺术家和手工艺人的保护神米诺娃等神祇。

东柏林游行示威群众1953年6月17日经过勃兰登堡门

为使此门更辉煌壮丽，当时德国著名的雕塑家沙多在1793年又为此门顶端设计了一套青铜装饰雕像：4匹飞驰的骏马拉着一辆双轮战车，战车上站着一位背插双翅的女神，她一手执杖一手提辔，一只展翅欲飞的普鲁士飞鹰鹫立在女神手执的饰有月桂花环的权杖上。整座雕塑象征着普鲁士军队凯旋。

与勃兰登堡门门楼相连的南北两边翼房曾用于守卫和关卡，柏林城墙拆毁后被改建成敞开的立柱大厅，以便和勃兰登堡门的风格相一致。

拿破仑攻占柏林后，将勃兰登堡门上的胜利女神雕像拆下装箱，作为战利品运回了巴黎。1814 年，普鲁士从战败的法国迎回了胜利女神雕像，他们喜极而泣，将它称为“归来的马车”。

德国在 1871 年统一后，雕像上的橡树花环中被添加了象征权力的铁十字勋章，勃兰登堡门也跃然成为德意志帝国的象征。

勃兰登堡门在二战末期的柏林战役中遭到严重损坏，当苏联士兵试图在胜利女神像上撑起他们的旗帜的时候，德国士兵用大炮轰击，胜利女神雕像受到严重损毁，仅剩下的一只马头如今被保存在柏林市博物馆。

1956 年 9 月 21 日，柏林市自治政府决定修复勃兰登堡门，并在次年底完工。西柏林的文物修复专家放下意识形态的对立而密切合作，根据在二战中抢拓下来的石膏模型和档案照片重新铸造了一套战车和女神雕像，不过，象征普鲁士军国主义的铁十字勋章和头戴普鲁士皇冠的鹰鹫被撤了下来。

勃兰登堡门见证了德国人在不少重大历史时刻的大喜大悲。

1806 年 10 月，拿破仑率领法军打败普鲁士军队，法国军队在 23 日穿过勃兰登堡门进入柏林。

1871 年 6 月 16 日，在居民数接近 87 万人的柏林进行了胜利大阅兵。4 万名佩戴铁十字勋章的军人从腾帕豪夫空地出发，穿过勃兰登堡门，向王宫行进，他们携带着缴获的 81 面法国战旗。俾斯麦与毛奇走在队伍的前列，威廉皇帝位于他俩之后，亲王们和皇帝的儿子们跟在威廉皇帝的后面。

第一次世界大战结束时，从前线撤退回来的部队也从勃兰登堡门穿过。

在那之前，德国人在每一次战争胜利之后，都会进行穿过勃兰登堡门的胜利大游行，这一次也仍然如此，因为像总统艾伯特说的那样：他们从来没有在战场上被打败。

到了 1918 年 3 月中旬，还有近 200 个德国师仍然做好了进行最后一击的准备。在 1918 年的夏秋两季，德国还发动了人数比之前都多的大规模攻势，一度距离巴黎 64 公里。到战争最后一日，德国在比利时和法国的土地上还维持着一条连成一气的德军防线。因此，很多人都对德国那时的战败感到不解，老兵李希特就说道："因为我们一点都不感觉被打败了。前线的部队不认为自己被打败，而且我们非常想知道为什么休战会来得这么快，也想知道为什么必须在那么匆忙的状况下撤出阵地。我们仍然站在敌人的土地之上，这一切实在是太奇怪了。"

1945 年 5 月，苏联红军正是穿过勃兰登堡门攻入柏林，攻克了希特勒的地堡和国会大厦，宣告了第三帝国的灭亡。

.64.

一窥德国近百年荣枯的国会大厦

国会大厦原为德意志第二帝国的帝国议会所在地，在魏玛共和国时期是共和国议会的议会会址。从 1994 年开始，每五年举行一次的德国联邦大会在这里选举德国联邦总统。从 1999 年开始，成为德国联邦议院的会址。

国会大厦是在 1871 年普法战争中打败法国之后决定兴建的。

威廉一世皇帝和俾斯麦宰相其实从心里不喜欢什么国会来牵制他们的权力。俾斯麦曾在选址的争论中提出把国会大厦建在总理府的边上，据说威廉一世也对国会大厦的尖顶高于他的宫殿尖顶十分不悦。但政治家们和建筑师们发出了强烈的不满，他们认为那样修建起来的建筑与“即将领导整个欧洲的统一的伟大德意志民族”并不相称。

设计方案的确定历时 10 年。法兰克福的建筑师保尔·瓦洛特的方案最后被选中，他力图“用石头镌刻下德意志精神”，其方案兼具了新巴洛克式和文艺复兴式的特点。

1894 年 12 月 5 日，国会大厦举行落成典礼，威廉二世皇帝亲临致辞。就在他的马车队浩浩荡荡地来到国会大厦门前时，前导队中有三匹马突然受惊，身着铠甲的骑士跌下马来。似乎这就是一种不祥之兆。在那之后没几天，威廉二世就抨击它是庸俗的顶峰和完全糟糕的成品，有时干脆就将它贬称为“帝国猴子大厦”。

国会大厦当年的总建筑费用为 2400 万马克。这笔钱主要是通过法国在普法战争中的战争赔款支付的。

国会大厦最初的面貌

国会大厦的山墙上有“DEM DEUTSCHEN VOLKE”这一行德文字，其意是“为了德意志人民”。它是在1916年圣诞节才被放上去的，著名的建筑师和工业设计师彼得·贝伦斯使用当时非常时髦的“Uncial字体”塑造了这三个词，每个字母高60厘米，材料是用在德意志解放战争末期缴获的两门大炮的铸铁熔化而来的。

“为了德意志人民”之所以在那时才被放上去，据分析可能有两个原因。当时一战正进入艰难时期，德国社会民主党同意为战争贷款，皇帝为此表示感谢；也可能是德国国民在那时已经厌倦战争，此举是用来鼓舞人民的斗志。

1918年11月9日，德国社会民主党的议会主席菲利浦·谢德曼在第二个西阳台上宣布德意志共和国成立。谢德曼在1928年写的回忆录中写道，他当年是这样向工人和士兵们演讲的：“战争的4年是可怕的。牺牲是恐怖的，人民不得不丧失财产和鲜血。倒霉的战争结束了。残杀结束了。战争的后果，我们还将多年肩负艰苦和悲惨。我们要团结、诚恳和拥有责任感！旧的，陈腐的，崩溃了。新的万岁！德意志共和国万岁！”

为了纪念这一历史时刻，今天在西阳台专门设立了一块纪念牌。

在1933年2月27日发生的国会大厦纵火案被纳粹肆意利用，借机掀起反共浪潮，并导引德国走向了独裁专制之路。

今天也为当年的纵火者、荷兰失业工人范德卢立了一块纪念牌。

二战开始后，国会大厦被希特勒当作军事工事，四个角楼中有两座被改建成高射炮掩体。大厦的窗户被砌死，整个变成一座大碉堡，地下室充作战地医院。

在攻克柏林的战役中，250万苏军围住了守卫柏林的50万德军。将红旗插上德国的国会大厦，无疑是为最后战胜的象征。红军用90门巨炮对准国会大厦开火，当他们夺取了国会大厦之后，不少人在大厦内的石墙上刻下留言。德国统一后，联邦议院决定把国会大厦重新作为议会所在地，人们曾对是否保留这些形形色色的留言进行过一番激烈的争论，后决定全部保留并拍照作为资料永久保存。

二战后的国会大厦几近废墟，在上世纪60年代进行的维修和扩建并没有很好的效果，而大厦的传统布局也无法容纳新时代议会的功能。为改变这一状况，德国政府举办国际竞标，最终英国建筑师诺尔曼·福斯特爵士的方案中标。

福斯特素以高技派风格著称于世。他将高技派手法与传统建筑风格巧妙结合：保留建筑的外墙不变，而将室内全部掏空，以钢结构重做内部结构体系。经过福斯特的大手笔处理，国会大厦这一古老庄严的外壳里包裹的却是一座现代化的新建筑。

中央穹顶在二次大战中被毁后便未能重建，这次福斯特创造了一个全新的玻璃穹顶：其内为两座交错走向的螺旋式通道，裸露的全钢结构支撑，参观者可以通过它到达50米高的瞭望平台，眺望柏林的景色。夜间，穹顶从内部照明，从而为德国首都创造了一个新的城市标志。这个穹顶也被人戏称为“英国鸡蛋”。

从穹顶悬下一支漏斗状的柱子，下面就是议会全体会议大厅。漏斗状柱子上镶嵌着 360 块活动镜面，把阳光折射进议会大厅，从而降低照明能源消耗。同时，为了不让直射的阳光晃眼，在玻璃圆顶的内侧安装了可移动的铝网，由电子计算机按照太阳的运动自动调控位置，其能源来自于国会大厦屋顶上的太阳能电池。

1995 年，包装艺术家克里斯托夫妇利用国会大厦进行了一场效果非凡的露天艺术展览。面对这对艺术家夫妇惊世骇俗的创作意图，德国联邦议院辩论了足足 12 小时，才向他们颁发了许可证。

克里斯托夫妇用银白色的人造纤维织物把国会大厦裹了个严严实实。在六七月间的阳光下，这件独出心裁的艺术品像一艘宇宙飞船，又像一只巨兽熠熠生辉。在 20 天展出期间，来自世界各地的 500 万观众兴致勃勃地观赏了世界上独一无二的景象，柏林沉浸在一片盛大节日的气氛中。

1999 年 4 月 19 日，德国联邦议院正式迁入修复翻建过的国会大厦，国会大厦重新回到德国政治生活的中心。